행복은 나비와 같다.
잡으려 하면 항상 달아나지만
조용히 앉아 있으면 스스로 너의 어깨에 내려와 앉는다.

멋지게 나이 드는 법 31 ─ 여성편

장윤희 지음

초판 1쇄 인쇄 | 2011년 1월 13일
초판 1쇄 발행 | 2011년 1월 17일

발행처 | 도서출판 작은씨앗
공급처 | 도서출판 보보스
발행인 | 김경용

등록번호 | 제 300-2004-187호   등록일자 | 2003년 6월 24일

서울시 서초구 서초동 1355-17 서초대우디오빌 1008호
전화 02 333 3773   팩스 02 735 3779
이메일 | ky5275@hanmail.net

ISBN 978-89-6423-122-7 13810

잘못된 책은 구입하신 서점에서 바꾸어 드립니다.

멋지게 나이 드는 법 31

여성편

장윤희 지음

프롤로그
Design Your Lifestyle

조금 이른 나이에 대표라는 직함을 달았다. 그것은 내 결정이었고, 선택이었다. 이름과 얼굴에 책임져야 하는 일들이 하나 둘씩 생겨나기 시작했다. 나쁘지 않았다. 덕분에 더 노력해야 했고, 더 성실한 자세로 임해야 했다. 그러면서 나는 인내하고, 인내하고, 또 인내하면서 저 무지개 너머 어딘가에 있을 행복을 기다리고 있었다.

　그러던 어느 날 문득, 행복은 내게 계속 머물러 있었거나 혹은 눈치채지 못했거나 외면했던 것은 아니었을까 하는 생각이 스쳤다. 순간 머리 속이 하얘지면서 뒤늦은 깨달음 같은 그 무언가가 왠지 석연치 않았다. 생각과 고민 끝에 나는 그 막연했던 행복에 대한 정체성을 연구해 보기로 했다. 그리고 책과 공부의 전쟁이 시작되었다. 그리고 얼마 후, 마침내 나는 그 동안 꼭 부여잡고 있던 내 삶을 조금씩 내려 놓기로 결심했다.

그러고 나니 하고 싶은 일과 해야 할 일들이 너무도 많아졌다. 생애 첫 등산에도 도전해야 했고, 등산복도 장만해야 했다. 사람을 만나는 일과, 커피를 마시는 일도, 살아있다는 자체만으로도 너무나 행복하고 즐거웠다.

행복. 누구나 원하고 꿈꾸는 삶이다. 그러나 정작 행복을 추구하는 방법에 대해서는 잘 모르고 있는 듯하다. 나 역시 그랬으니까 말이다. 하루 24시간을 열심히 살아가고 있지만 유독 자신만은 행복하지 않은 우리 주변 사람들을 많이 접하게 되었다. 그들에게 내가 알게 된 사실들을 말해 주고 싶었다.

꼭 부여잡고 있던 것들을 내려 놓으니 마음의 여유가 생겼다. 스스로에 대해 좀 더 생각하는 시간이 많아졌고 삶을 대하는 방식에 대해서도 고민하기 시작했다. 그때 머리를 탁 스치던 그 생각이 바로 이 책의 결정적 모티브가 되었다.

'그렇다면 이제 어떻게 하면 멋지게 나이 들 수 있는 걸까?'

우선 건강해야 하고, 자신만의 고슴도치도 찾아야 하고, 먹고 마시는 일에 인색하지 않아야 하며 문화를 이해하고 향유할 줄 알아야 하며 상대에게 좋은 느낌과 이미지를 전달해 줄 수 있는 사람이 되는 것. 바로 나 스스로에게 주목할 수 있는 사람이 되는 것이었다. 타인에게 보여주는 삶이 아닌 진정으로 자신이 원하는 삶 말이다. 부, 명예, 성공이 전부가 아닌 진정 마음이 원하는 것을 성취하면서 사는 것, 그것이었다.

바로 지금 이 순간이 세상에서 가장 중요한 때이고, 바로 이 순간 당신과 함께 하고 있는 사람이 가장 소중한 사람이고, 바로 이 순간 지금 하고 있는 일이 가장 중요한 것처럼 우리는 매 순간, 순간의 소중함과 따뜻함을 기억해야 하는 것이다. 다음과 나중은 매우 불필요한 말이다.

나의 지난 10여년의 삶은 그렇게 성취하는 삶이었다. 이제 앞으로 또 다른 10년은 나 스스로에게 주목하며 추구하는 삶을 살아가고 싶다. 어쩌면 멋지게 나이 들고 싶은 나만의 로망인지도 모르겠다.

끝으로 멋진 기획들로 멋지게 작은씨앗을 리드하고 계신 김경용 대표님과 오랜시간 묵묵히 친구가 되어준 길동무 산, 사랑하는 가족들에게 진심으로 고마운 마음을 담아 이 책을 전하고자 한다.

어느 멋진 날. 장윤희 서비스어바웃 대표

차례

프롤로그　　　　　　　　　　　　　　　　　5

PART 01 Heart

01 속마음이 내게 말을 걸다　　　　　　　　13
02 슬로시티에서 삶을 배우다　　　　　　　　19
03 당신을 진정 알고 싶을 때　　　　　　　　25
04 오드리 헵번처럼 자연스럽게　　　　　　　33
05 자신만의 고슴도치 찾기　　　　　　　　　38
06 셀프 브랜딩 시대를 말하다　　　　　　　　46
07 백번의 말보다 한번의 행동으로 보여주라　　53
08 진정한 카리스마는 조용한 자신감에 있다　　60

PART 02 Break

09 우울할 때는 다크초콜릿　　　　　　　　　71
10 드라마 주인공처럼 마티니를 주문하자　　　78
11 맥주처럼 '톡' 소리나는 인생　　　　　　　87
12 커피 한잔에 담긴 여유　　　　　　　　　　96
13 정말 소중한 사람과는 와인을 마시자　　　104

PART 03 Interest

14 내게 행복을 주는 펫 기르기　　　　　　　117
15 아버지를 기억하는 마음의 자전거　　　　　124
16 뭔가 정리가 필요할 때 하는 일　　　　　　131
17 마음이 쉬고 싶을 때 하는 일　　　　　　　137

18	누군가의 기억 속에 특별한 사람으로 각인되는 것	144
19	9회말 2아웃	153
20	머리가 쉬고 싶을 때 하는 일	160
21	무대를 바라보며	170

PART 04 Expression

22	사소한 습관들이 얼굴 나이를 결정한다	183
23	피부가 쉬고 싶을 때 하는 일	194
24	때로는 영화 속 줄리아 로버츠처럼	209
25	하이힐 신고 세상 바라보기	217
26	젊음을 만끽하고 싶다면 진(Jean)을 즐기라	228

PART 05 Modeling

27	운이라는 것은 준비된 노력과 타이밍의 결과다	239
28	나이 들수록 여성이 갖추어야 할 덕목은 품위다	245
29	중요한 것은 껍데기가 아닌 그 이면의 진실과 마주할 때다	252
30	하기 싫은 일에 당당히 'No'라고 말할 수 있는 나쁜 여자	259
31	인생의 아름다움은 평범함이 매우 특별한 것임을 깨달아 가는 순간이다	266

에필로그	272
참고문헌	276

PART
01

Heart

잠에서 깨어난 듯 어른이 되어 보니
무언가 소중한걸 잃어버린 것 같아
시계 속에 또 하나의 보이지 않는 시간을 찾아
진실한 나의 마음을 알아내고 싶어
잃어버린 시간 속에서 내가 찾아야 할 내일은
무지개처럼 따라오지만 잡히지 않아

01
속마음이 내게 말을 걸다

여자라서 여자이기 때문에 해야 할 일이 몇 가지 있다. 그 중 가장 성가신 것이 바로 메이크업을 하는 일과 지우는 일이다. 특히 더운 여름철 직업의 특성상 메이크업을 해야 하는 경우 뭔가 얼굴에 가면을 쓴 것처럼 답답하고 지겹다. 차가운 냉수에 온갖 먼지와 유분기를 지워내고 나면 그렇게 가볍고 개운할 수가 없다. 그럼에도 불구하고 여성들은 메이크업을 해야만 하는 숙명적 운명을 가지고 태어난 것 같다.

여자의 숙명적 운명처럼 인간 혹은 각 개인에게도 그러한 속성이 있다. 바로 가면의식이다. 민낯을 들키면 안 되는 여성들처럼 가면을 벗으면 불안해지는 사람들을 말한다. 무식해도 박식한 척, 없어도 있는 척, 불행해도 행복한 척 가면을 쓰고 있는 사람들을 가르켜 나는 가면의식이라고 일컫는다.

누구를 위해 무엇 때문인지 가면을 쓰고 있는 그들은 종종 우울함을 호소한다. 그리고 마음의 병을 앓고 있다. 그것이 바로 스트레스며 여기에 무력감마저 오게 되면 이것이 바로 자살까지 이어지는 오늘날 우리의 씁쓸한 뒷모습이다.

과도한 경쟁, 최고여야 한다는 부담감, 가진 자들에 대한 상대적 박탈감, 실수는 용납되지 않는 현실, 모든걸 완벽하게 해내야 한다는 보이지 않는 강박관념이 우리를 사로잡고 있다.

『완벽의 추구』 저자 탈 벤 샤하르 교수는 지금 우리가 행복하지 못한 이유는 완벽을 추구하기 때문이라고 말한다. 모든 일을 완벽하게 해야 한다는 생각은 목표로 향하는 과정의 즐거움과 의미를 퇴색시키며 그로 인한 좌절감은 삶을 피폐하게 만든다는 것이다.

실제로 캐나다의 한 대학에서 6년간 조사한 결과, 완벽주의 성향을 가진 사람들이 보통 사람들에 비해 51%나 사망 위험률이 높고 우울증과 불안 증세에 더 많이 시달리는 것으로 나타났다. 그럼에도 불구하고 여전히 많은 사람들은 완벽해야 성공할 수 있다는 잘못된 믿음을 갖고 있다. 행복하지만 실패한 게으름뱅이보다는 불행하지만 성공한 완벽주의자가 되는 것이 오히려 낫다는 것이다.

그러나 하버드대의 연구 결과는 오히려 완벽주의자들이 성공할 가능성이 더 낮은 것으로 나타났다. 그럼 이러한 완벽주의에 대한 강박관념에서 벗어나기 위해서는 어떻게 해야 하는 것일까. 그것은 바로 최적주의다.

최적주의란 완벽해지지 않고 행복해지는 삶의 방식을 말한다. 완벽해지지 않다는 것은 대충 산다는 것을 뜻하지 않는다. 완벽에 대한 비현실적인 기대를 버리고 가능한 범위 내에서 최선을 다하는 삶을 말한다. 기준을 조금 낮추고 실패를 인정하고 현재의 성과를 만끽하는 것이다.

서울대병원 강남센터 윤대현 정신과 교수는 주로 서울 강남 부유층이나 중견기업 간부를 대상으로 매주 정신과 상담을 한다. 정신의학계에서는 윤교수가 국내에서 부자 환자를 가장 많이 만난 의사라고 공공연하게 인정할 정도다.

그는 부자나 성공한 사람들은 정신적 고민에 대해 터 놓고 얘기할 친구가 없고, 골프나 음주 외에는 이렇다 할 취미가 없으며 재산이 줄까 늘 좌불안석하며 젊어서부터 늘 승승장구한 탓에 어쩌다 뜻대로 일이 풀리지 않으면 엄청난 스트레스를 받는 특징이 있다고 말한다.

한마디로 서민들이 '사회, 경제적 소외계층'이라면 부자는 '정서적 소외계층'이라고 빗대어 말한다. 경제적, 사회적으로 성공한 사람들은 20, 30대부터 부의 축적과 입신을 위해 매진해왔기 때문에 친구를 사귈 시간이 없고 있는 친구들도 하나 둘씩 떠나는 상황을 맞이하게 된다. 이는 자신의 사회적 위상이 높아졌기 때문에 자신보다 경제적, 지적 수준이 떨어지는 친구를 만나는 것이 부자연스럽고 그렇다고 해서 비슷한 처지의 사람과 교감하는 것도 쉽지 않은 일이기 때문이다.

성공한 사람끼리도 서로 위신 때문에 터 놓고 말하기도 어렵다. 고민의 주제 또한 부동산 침체로 인한 자산가치 감소, 과도한 세금, 사업 부진, 채권, 채무 관계, 부에 비해 상대적으로 낮은 학력이나 사회적 지위, 시장환경의 급변 등 너무도 다양해서 공감대가 잘 형성되지 않는다. 일부 부자들 경우에는 가족들에 대해서도 피해의식을 느낀다. 돈 벌어 오는 기계쯤으로 생각하는 가족에 대한 반감을 갖게 되는 것이다.

정신적 문제를 앓는 부자나 CEO의 상당수는 건강이 그리 좋지 않다. 이들은 수면시간과 수면의 질, 기억력, 근력이 떨어지면서 짜증을 잘 내고 고혈압이나 당뇨병을 앓고 있는 경우 스트레스로 인해 약을 먹어도 혈압이나 혈당이 잡히지 않는 현상을 보인다. 이럴 경우에는 우울증이나 정신문제를 치료하는 것도 중요하지만 행복해지는 연습을 하는 것이 더 근본적인 해결책이라고 말한다.

정작 소득 수준이나 학력, 성별 등이 행복에 미치는 비중은 15% 정도에 불과하다. 상황에 긍정적으로 대처하느냐 부정적이냐 하는 것은 유전적인 영향도 크지만 성장 환경, 즉 부모의 배려와 각자의 노력으로 충분히 극복될 수 있다고 한다.

그가 제안하는 행복해지는 방법은 다섯 가지다. 첫째, 진정한 친구를 사귀는 것이다. 고령일수록 남자의 자살률이 높은 것은 업무로 맺어진 공적인 관계가 대부분이고 은퇴 후 상실감이 크기 때문이다. 반면 여성은 친구나 이웃 등 손익을 따지지 않는 1차적 관계가 많기 때문이다. 이제 친구를 사귀는데 더 많은 시간을 투자해야 한다. 기왕이면 선배, 동년배, 후배 등 3차원적인 인간관계를 맺고 고령화 사회를 감안해 10~20년 어린 친구들을 많이 사귀는 것도 현명한 방법이다.

둘째, 다양한 취미를 가져야 한다. 통상 부자들의 80%는 별다른 취미가 없다고 한다. 일반인들의 생각과는 달리 부자들 중 수상스키나 승마와 같은 활동적인 레저를 하는 사람은 드물고 대개 음주나 골프에 치중한다. 골프의 경우 운동량도 적고 내기를 하다 보면 오히려 스트레스가 가중되기 때문에 이보다 더 동적인 취미를 갖는 것이 좋다. 셋째, 남에게 순서, 양보하기 등 친절한 행동을 실천하는 것이다. 넷째, 행복일기를 쓰면서 매일 감사하는 마음을 갖는다. 다섯 째, 자신에게 상처를 입힌 사람들을 용서하는 법을 배우는 것이다.

『행복은 혼자 오지 않는다』 저자 에카르트 폰 히르슈하우젠은 누구든 평생의 80%는 평범한 일상이라고 말했다. 그 사실을 받아들이면 사는 게 행복하다. 에베레스트를 오르는 산악인들도 정상에서 늘 최고로 고양된 감정을 느끼는 것만은 아니다.

세계 최초로 히말라야 14좌를 완등한 라인홀트 메스너는 정상에 올랐을 때 가장 먼저 든 생각이 '어떻게 다시 내려가지?'였다. 어쩌면 그것이 진실에 가까울지 모른다.

우리는 능력의 어떤 부분을 DNA로 물려 받는다. 카드놀이를 할 때 주어진 패와 같다. 하지만 그 패를 어떻게 사용하느냐는 유전자가 아니라 우리 자신에게 달린 문제다. 행복이란 가면의식이 아닌 우리의 기대를 관리하는 것이기 때문이다.

행복하고 싶은가? 우선 완벽해야 한다는 강박관념을 버리고 최적주의를 추구하라. 타인에게 보여주는 삶을 살지 마라. 내 인생은 나의 것이다. 그러니 오늘이라도 당장 무겁게 쓰고 있는 가면을 벗어 던져버려라. 그리고 마음이 원하는 것을 따르면 된다. 우리의 마음 속엔 겉마음과 속마음이 있다. 겉마음은 세상에서 느껴지는 욕망을 속마음에게 전달하는 역할을 한다. 당신이 꼭 알아야 할 것은 이 속마음이다. 속마음은 당신이 갖고 있는 힘의 원천이다. 그리고 가장 큰 힘이다. 속마음이 당신에게 말하는 것에 귀 기울이고 실천해 보라. 분명 당신에겐 놀라운 변화가 일어날 것이다.

02
슬로시티에서 삶을 배우다

나는 아스팔트 킨트(아스팔트에서 나고 자란 아이들)다. 그래서 어린 시절 친구들이 시골 이야기를 하면 잘 이해하지 못하였다. 도심의 빌딩으로 둘러싸인 대한민국 서울 한 복판에서 첫 사회생활을 시작했고 그곳에서 무언지 모를 끝도 없는 쳇바퀴를 돌리며 장미빛 인생을 꿈꾸었다.

지금 우리는 빠르게 변화하고 분주히 움직이는 세상 속에 살고 있다. 그것은 비단 한국뿐만 아니라 전 세계 어디를 가더라도 마찬가지다. 그러나 현대인들은 바쁘지 않으면 비즈니스가 아니라며 빠르게 움직이며 살아가고 있다. 그러나 이러한 광속 트렌드를 거부하고 느리게 살고자 하는 역(逆) 트렌드의 움직임이 만만치 않다. 바로 이탈리아에서 시작된 'Slow city' 운동이다.

'Slow'는 단순히 'Fast'의 반대가 아니라 환경, 자연, 시간, 계절을 존중하고 우리 자신을 존중하며 느긋하게 사는 것을 의미한다.

슬로시티 운동의 목적은 인간사회의 진정한 발전, 미래를 위한 자연과 전통문화를 보호하면서 사람이 사는 따뜻한 사회, 행복한 세상을 만드는 것이다. 그러한 도시가 우리에게도 있다는 반가운 소식이다. 바로 신안 증도, 완도 청산, 장흥 유치, 담양 창평, 하동 악양, 예산 대흥, 여섯 곳이다.

신안군 증도면은 우리나라 최대 갯벌염전이 펼쳐져 있는 곳이다. 하얀 마분지를 바둑판 선을 그어 접었다 펼쳐놓은 것처럼 염전풍경은 전세계 자연유산으로 지정될 만한 곳이다. 그러나 한때 천일염, 갯벌소금의 생명가치에 문외한이었던 사람들이 염전과 염부(소금장인들의 옛 지칭)들을 천대해 왔던 것은 사실이다. 염전을 갈아엎고 골프장이 들어서야 한다고 주장하는 사람들도 있었다. 그러나 갯벌염전은 세계 인류의 생명을 위해 반드시 지켜야 하기에 그 가치를 인정받았다. 소금은 인간이 살아가는데 있어 절대 없어서는 안될 필수 양식이기 때문이다. 게다가 이곳에는 국내 유일의 소금박물관이 있다. 소금의 역사와 효용성, 그 가치를 찬찬히 살펴볼 수 있는 작지만 거대한 공간이다. 소금창고로 쓰이던 창고를 개조하여 소금박물관을 만들었다고 한다. 현재 이 건물은 소유주의 끊임없는 노력으로 근대문화유산으로 지정 받게 되었다.

사실 소유주 입장에서는 문화재로 지정되면 재산권 행사가 제한되기 때문에 경제적 가치를 상실한 셈이 된다. 그러나 인류의 공동재산인 갯벌염전을 지켜내고 더 많은 이들에게 천일염의 가치를 알리기 위한 의미 있는 선택이기도 했다.

　완도군 청산면은 섬 전체가 하나의 전래동화책 같은 그런 마을이다. 나지막한 지붕들과 밭, 집사이 돌맹이로 쌓여진 돌담길, 푸른바다, 밭 일하는 할아버지와 할머니의 수줍은 웃음과 사투리가 남아있는 곳이다. 끝없이 펼쳐지는 낮은 돌담길은 어디에서도 보기 힘든 그런 광경이다. 마을 어귀 뱃머리에 내리게 되면 옛날식 다방들이 여전히 존재하고 촌스럽고 구식인 것 같지만 구들장 논, 풍장, 고인돌이 그대로 남아있다.

　푸른 바다와 어울리는 마을경관을 그대로 지키고 있고 가난의 상징인 구들장과 낮은 돌담, 옛 어촌마을에서만 볼 수 있었던 풍장(장례풍속)을 그대로 지키면서 전복, 해삼 등의 농사를 지으며 살아가고 있다.

　장흥군 유치면의 마을 주민들은 유기농법과 순환농법을 하며 생활하고 있다. 그곳에는 인분냄새가 진동하고 여기저기 볏짚들이 흩어져 있는 옛 농촌의 모습이 그대로 남아 있다. 이곳의 표고버섯은 유치면 일대 천혜의 소나무 숲에서 재배된 것으로써 생산량이 전국 최대 규모이고 유치면 신덕마을은 천연농법을 통하여 건강한 무공해 농산물을 생산하고 공급하는 곳이다.

　특히 장평면 우산리에는 지렁이 생태학교가 있는데 이곳에서는 지렁이 분변토를 이용한 친환경농법을 시행하고 있어 슬로시티에 가장 적합한 곳으로 유명하다.

담양은 도심 인근의 농촌 마을로 전통문화가 많이 남아 있어 현대와 전통이 조화를 이루고 있는 대표적인 마을이다. 특히 삼지천 마을의 고택, 한옥마을에서 펼쳐진 돌담길에서의 여유로운 산책은 방문객들의 슬로라이프 체험장이기도 하다. 또한 담양일대에는 다양한 전통먹거리가 풍부하게 널려있다. 창평국밥, 국수, 떡갈비, 한과 등 수없이 많은 전통먹거리들이 사람들을 보다 풍요롭고 여유롭게 해주고 있다.

하동 악양은 차와 문학, 도시 사람들의 향수를 불러 일으키는 향기가 있는 곳이다. 산기슭에 숨어 있는 야생차밭은 1300년 넘게 하동을 지키고 있다. 일부러 가꾸지 않은 야생밭의 차는 단장하지도 않고 인공비료도 주지 않은 자연이 준 선물이다.

하동에는 아직도 평사리 최참판댁의 서희가 악양의 넓은 논두렁을 내려다보고 있는 것 같은 소설 속 모습이 그대로 남아 있다. 비닐하우스가 없는 유일한 마을 중 하나이고 햇살 담은 마을답게 풍요로운 부농의 마을이라고 느껴지는 곳이다.

자연이 주는 햇빛과 신선한 공기로 녹차가 산기슭에서 흐드러지게 자라고 햇살과 바람이 대봉감을 뽀얗게 분칠해 곶감으로 단장케 한다. 수 천년을 두고 흐르는 섬진강은 이 마을을 더욱 여유롭게 해주는 물줄기로도 유명하다.

마지막으로 충남 예산군 대흥면은 청정 예당호수와 주변에 조성된 생태공원이 자연생태적 매력으로 남아있는 곳이다. 이 호수의 규모는 국내 최대이며 농업용수 공급과 식수원, 홍수 조절 목적으로 준공되었다. 대흥면은 이 호수를 사이에 두고 동과 서로 나뉘어져 있다. 이곳에는 38종의 물고기가 서식하고 있으며 이 호수는 전국 낚시꾼들의 애호를 받는 천혜의 낚시터로 유명하다. 특히 예산의 특산물인 예당 붕어찜과 민물어죽, 껍질째 먹는 황토밭 예산사과가 유명하다.

또한 예산은 전통 문화예술에 대한 자부심이 높다. 애국충절의 고장으로써 윤봉길과 최익현 선생의 생가와 묘소가 있다. 한국 최고의 예술가 추사 김정희 선생의 고택, 국보 49호 수덕사 대웅전, 백제 부흥의 거점지인 봉수산과 2.4km의 옛 성터 임존성 등산로도 있다.

600년 전통의 대흥향교에서는 지금도 공자 선생을 기리는 제사의례 행사가 전승되고 있으며 큰 고목이 서 있는 대흥동헌 마당에서 벌어지는 보부상 난전놀이 등은 500년 전통의 유산이 매우 흥미롭게 재현되고 있는 곳이기도 하다.

얼마전 지인에게서 시대의 흐름에 부흥하고자 스마트폰으로 교체하여 변경된 전화번호를 알려 주겠노라는 연락을 받았다. 사실 요즘 같은 시대에 매우 자연스러운 일이며 별로 대수로운 일도 아니다. 그러나 지하철이나 대중교통을 이용하다 보면 그리 대수롭지 않은 일들이 매우 씁쓸하게 느껴질 때가 있다.

백이면 백명의 사람들이 하나같이 모두 휴대폰을 꺼내 들고 무언가에 열중하고 있다. 이제는 너무도 익숙한 풍경이 되고 말았지만 그 사이에 사람들은 점차 '말'을 잃어 가고 있다. 우리는 이제 빠른 시대적 변화에 무조건 대응하기 보다는 시대의 변화를 먼저 읽고 문화와 트랜드를 이끌어 나갈 수 있는 지혜와 용기가 필요한 시점인 것 같다. 그런 점에서 볼 때 느리게 혹은 천천히 걷고 사는 슬로시티의 삶은 우리에게 많은 교훈과 시사점을 안겨주는 대목이라고 볼 수 있겠다.

세상의 광 속도에 편승되지 않고 옛 선조들의 고유한 것들을 지키며 살아가고 있는 슬로시티를 기억하라. 그들에게는 평범하지만 특별한 것들이 숨겨져 있다. 그곳에는 대자연에서 느껴지는 장엄함과 소소한 일상이 전해주는 소박한 정서가 담겨 있기 때문이다.

눈에 보이지 않는 무지개를 찾아 앞만 보고 달리지 마라. 때로는 걷기도 하고, 때로는 하늘도 보면서 자연이 주는 아름다움과 여유를 가슴 속 깊이 호흡해 보라. 숨을 깊게 들이 쉬고 자연과 호흡하다 보면 어느새 정신이 맑아지고 집중력도 생기면서 얼굴에는 생기 가득한 모습이 보이게 될 것이다. 변하지 않고 천천히, 느리게 사는 것. 어찌 보면 요즘 시대 걸맞지 않는 순수한 생각이라 할 수 있지만 삶은 속도전이 아닌 삶 그 자체로써 매우 의미 있는 일이기 때문이다.

03
당신을 진정 알고 싶을 때

어느 모임에서 결혼한 한 여성이 남편에 대한 불만감을 토로하는 이야기를 듣게 되었다. 주말이면 남편과 함께 무언가를 하고 싶지만 정작 남편은 자신과 함께 놀아줄 수 없을 정도로 너무 바쁘다는 것이다. 이유인 즉 축구를 너무 사랑하는 남편은 주말이면 어김없이 축구동호회에 나가 경기를 하고 저녁이면 그들과 뒤풀이를 하고 뒤늦게 집에 들어온다는 것이다.

아내의 불만감은 여기에서 그치지 않았다. 자신은 남편과 함께 쇼핑도 하고, 영화도 보고, 여행도 떠나고 싶은데 그럴 수가 없다는 것이다.

이야기를 한참동안 듣고 있다가 그 중에서 가장 하고 싶은 일이 무엇이냐고 물었다. 그러자 그녀는 여행이라고 단숨에 이야기 하였다. 남편과 함께 여행을 가는 것도 좋지만 혼자 가는 여행도 그리 나쁘지 않을 것이라고 말해주었다. 그러자 그녀는 혼자가는 여행은 청승 맞을뿐더러 문제 있는 여자처럼 보이는 것 같아서 이내 마음이 불편하단다. 그녀에게 여행이란 단지 수단일 뿐이지 결국 그녀가 하고 싶은 것은 남편과 함께 있고 싶은 마음이 더 큰 것 같았다.

『평생 꿈만 꿀까 지금 떠날까』 저자 오현숙씨는 직장여성이자 두 아이의 엄마로 열심히 살아왔다. 때로 야근도 하고 밤샘도 해야 했다. 그것이 평범한 삶의 진리였고 또 최선이라고 믿었다. 그러다 자녀들이 제법 성인이 되었을 무렵, 그녀는 거울 속 낯선 여자의 모습을 보게 되었다. 소스라치게 놀랄 만큼 무서운 표정의 여자, 다름 아닌 바로 자신의 모습이었다.

일과 가정을 우선으로 살아온 평생이 고스란히 담겨 있는 얼굴이었지만 결코 그녀가 원했던 행복한 얼굴은 아니었다. 순간 정말 자신이 하고 싶은 걸 해야겠다는 생각이 들었다. 지금 이 순간 진정 원하는 게 무엇인지 생각해 보았다. 그리고 답을 얻은 것은 바로 세계여행이었다. 3박4일 다녀오는 패키지 여행이 아닌 온전히 자신만을 위해 먹고, 자신만을 생각하고, 자신의 몸만 걱정하면 되는 그런 종류의 배낭여행이었다. '집 나간 엄마' 오씨의 2년간 여행은 그렇게 시작되었다.

내일 모레면 오십. 이팔청춘도 아닌 그가 홀로 세계여행을 떠난다고 했을 때 그의 친구들은 모두 한결같이 3개월이면 돌아온다고 호언장담을 했다. 그래서 집부터 정리했다. 왜냐하면 돌아와도 갈 곳이 없으면 돌아올 생각조차 못할테니까 말이다. 또한 2년간 해외에서 벌지 않고 생활하려면 상당한 돈이 필요하고 여행자금을 마련하기 위해서라도 집은 처분해야 했다.

대학 1학년인 아들에겐 군대를 권유했고 만화작가를 꿈꾸는 딸에게는 일본유학을 권했다. 딸은 대환영이었지만 아들은 생각보다 완강하게 버텼다. 그도 그럴 것이 이제 갓 대학에 입학해 자유를 만끽하던 차에 입대를 권유하니 혼란스러웠다. 그러나 엄마의 일생일대 꿈을 막을 수 없는터라 결국 아들은 군인아저씨가 되었다.

한국에선 좀처럼 도움을 청하는 그런 성격이 아니었다. 그런데 막상 해외에 나가보니 어린애가 된 기분이었다. 차표 하나 끊기도 힘들고 밥 한번 사먹기도 힘들었다. 장기간의 여행이다 보니 시시콜콜한 계획을 세우거나 가이드북을 독파하는 일 따위는 하지 않았다. 다만 가능한 육로이동을 원칙으로 그때그때 상황에 맞게 움직이다 보니 자연히 현지인의 도움이 필요했다.

재미있는 건 우리나라보다 잘사는 선진국일수록 주변에 무관심했고 우리나라보다 조금 더 가난한 나라의 사람들이 더 친절했다. 중국이나 예멘, 파키스탄이 특히 그랬다. 어떤 멋진 풍경이나 역사적인 유적지보다 따뜻한 사람들을 만나는 게 정말 행복했다.

특히 예멘에서의 기억은 더 특별하다. 오씨가 가 본 나라 중 가장 친절한 국가로 손꼽을 수 있다. 목적지 이름을 적은 메모지 한 장으로 길을 물어도 찬찬히 살펴보고 차편을 알려주고, 기사에게 그녀에 대한 당부까지 덧붙여주었다. 게다가 그녀보다 가진 것 없는 예멘의 사람들은 10명중 7명은 차비까지 선뜻 내어주기도 하였다.

　세계 장수 마을인 파키스탄 훈자에는 집집마다 오디, 살구, 체리 나무 등이 심어져 있었는데 길을 지나는 여행객들에게 열매를 따서 한 보따리씩 그냥 나눠주기도 했다. 후한 인심이 아무래도 장수의 비결인 것 같았다. 반면 노르웨이나 스웨덴 같이 세계 최고의 선진 복지국가라고 일컬어지는 북유럽은 쌀쌀한 기억으로 남아있다. 웅장한 피요르드, 산타크루즈의 고향인 핀란드에서의 캠핑 등 경이롭고 순수한 자연에 감탄했지만 차갑고 냉정한 사람들에 대한 기억으로 북유럽에서의 여행은 조금은 흐릿한 기억으로 남아있다.

　아랍권 국가에 가면 한국여자들이 인기가 많다. 수도 없이 '결혼하자' 프러포즈를 받았다. 터키에서도 그랬고, 파키스탄에서도 그렇고 예멘에서는 더 기가 막힌 일도 있었다. 지부티로 들어가는 화물선이 언제 있는지 출입국 직원에게 물었더니 며칠 걸린다며 자신의 집에 묵으라고 했다. 예멘의 보통 가정집이 궁금하기도 해서 용기를 내 따라갔다. 그런데 화물선이 대체 언제 오는지 일주일이 지나도 소식이 없었다. 그 직원의 아내는 당시 투병중인 듯 보였는데 처음엔 자기 아내를 한국 가서 좀 고쳐달라고 하더니 나중에는 그녀에게 아내가 되어달라고 조르기 시작했다.

　한국여자 만나 결혼하면 식당 하나 생긴다는 말이 있을 만큼 한국여자들을 굉장히 좋아했다. 그의 간절한 프러포즈를 뒤로한 채 그녀는 그 가족수대로 치약과 치솔을 선물하고 집을 나섰다. 사용 방법을 몰라 어리둥절하던 가족들에게 직접 시범을 보여 주었더니 몹시 좋아하면서 고마워 했다.

이슬람은 우리에게 조금 먼 문화이지만 의외로 사람들이 너무 순진하고 마음이 따뜻해서 놀랐다. 그래서 종종 아랍권, 이슬람권 국가를 추천한다. 단 성추행은 조심해야 한다. 자국 여성들이 꽁꽁 싸매고 다녀서 그런지 외국 여자들에겐 성추행이 자주 일어난다.

무서울게 없는 대한민국 아줌마지만 손짓 발짓 다하며 고군분투해도 풀리지 않는 것이 바로 영어였다. 짧은 영어가 창피한 건 아니지만 조금 불편했다. 유스호스텔이나 민박에서 대부분 숙박을 해결했던 그녀는 자주 외국 여행자들과 한방을 썼는데 그럴 때마다 유창한 영어대신 그들의 호감을 한번에 사는 방법으로 능숙한 요리솜씨를 발휘했다.

간단하면서도 한국적인 음식이 뭐가 있을까 고민하다가 김밥이 제격인 것 같았다. 화려한 색색의 재료들을 가지런히 밥 위에 얹자마자 호기심 가득한 얼굴로 외국인들이 하나둘씩 모여들기 시작했다. 둘둘 말아 뚝뚝 써니 탄성을 지르며 사진을 찍어댄다. 말은 안 통해도 맛은 통했다. 프랑스, 캐나다, 이스라엘 세계 곳곳에서 온 젊은 여행자들이 김밥을 먹으며 연신 '베리 굿'을 외쳐댔다.

이란의 한 민박집에 머물 때는 닭 백숙을 했다. 닭은 어디 가도 쉽게 구할수 있는 재료다 보니 좀 더 수월했다. 같이 머물던 스위스 부부가 그녀가 해준 백숙을 맛있게 먹는 모습을 보고 그들과 친해진 것도 좋았지만 우리의 음식도 경쟁력 있구나 하는 생각에 무척이나 감격스러웠다.

2년 동안 50개국을 다니면서 그녀에게 필요한 건 배낭 딱 두 개였다 옷은 바지 한 두벌, 티셔츠 한 두벌, 방한복 하나 정도면 충분했다. 살던 집마저 세를 놓고 나와 비울 만큼 비운 그녀였지만 여행하는 내내 한국에서 쓸데없는 욕심을 채우며 살아온 것이 후회가 되기도 하였다.

목적지에 도착하면 바로 엽서부터 샀다. 그리고 그 지역을 여행하고 떠나기 전 아들에게 매일 작은 편지를 띄웠다. 그건 결국 여정을 고스란히 기록한 것과 같은 것이었다. 인터넷에 올려둔 일기와 엽서들을 모으니 그럭저럭 책 한 권이 나오게 되었다.

국제구호활동가로 일하고 있는 한비야씨도 처음 세계일주를 시작했을 때 지금과 같은 베스트셀러 작가가 될 것이라고 혹은 국제적인 긴급구호 전문가가 될 것이라는 생각은 조금도 없었을 것이다. 그녀도 이번 세계일주가 자신에게 또 다른 기회의 문을 열어 줄 것이라는 조심스러운 기대를 갖는다. 처음에는 책까지 내게 될 것이라고 상상조차 하지 못했고 대단한 것이라고 생각하지도 않았다. 그런데 자꾸 새로운 도전이 생기는 것이 너무 가슴 벅찰 뿐이다.

사실 현실적으로 세계일주란 쉽지 않다. 시간, 건강, 돈 삼박자가 잘 맞아 떨어져야 가능하다. 그에게는 마흔 다섯까지 열심히 일해 모아둔 돈이 있었고, 아들, 딸 모두 키워놨으니 시간이 된 것도 가능했다. 문제는 건강이었는데 이것도 조기퇴직 후 6개월간 택배를 하면서 체력테스트를 거쳤다. 장기간 배낭여행이 가능한지 정확한 판단이 필요했기 때문이다.

꿈만 꾼다고 언젠가 이루어지는 것도 아니고, 용기가 있다고 해서 덜컥 저지를 수 있는 일도 사실 아니다. 그러나 진정 원하는 일이라면 가능한 할 수 있는 상황을 만들어야 한다. 억만장자가 아닌 이상 2년간 여행하며 호텔 같은 호사를 누리기는 힘들다. 아무데서나 잘 잘 수 있는 건강이 필수조건이라고 한다면 하루라도 젊었을 때 떠나라는 것이 그녀의 진심 어린 조언이다.

현실적으로는 경제적 여건이 허락되지 않는 경우가 대부분이다. 또 돈이 생겼을 때는 일주일 휴가도 감사할 만큼 일에 쫓기면서 살아가게 된다. 안타깝지만 그것이 평범한 우리들의 삶의 모습이다. 하지만 최소한 쉰 살이 되기 전에는 반드시 떠나야 한다. 그렇지 않으면 무릎이 아파서 걷고 싶어도 걷지 못하기 때문이다.

누군가를 진정으로 알고 싶다면 그 사람과 여행을 떠나보라는 말이 있다. 그러면 상대에 대해 잘 몰랐던 부분을 알 수 있게 되니까 말이다. 마찬가지로 당신이 어떤 사람인지 혹은 당신이 원하는 게 무엇인지 진정으로 알고 싶다면 혼자 여행을 떠나보라. 낯선 환경과 낯선 사람들 속에서 당신이 대처하는 방법만으로도 당신이라는 사람을 알 수 있다. 또한 현실에서 한 걸음 뒤로 물러나 객관적인 자신의 모습을 바라보고 중요한 마음의 결정도 내릴 수 있다.

흔히들 여행은 누군가와 함께 떠나야 한다고 말한다. 그러나 모르시는 말씀이다. 어차피 인생은 여행과 같다. 인생이라는 여행길에는 수 많은 동반자가 있다. 그러나 진정한 여행이란 나 홀로 외로이 혹은 고독이라는 친구와 함께 할 수 있다면 당신은 세상과 더욱 당당히 마주할 수 있다.

04

오드리 헵번처럼 자연스럽게

성당에서 결혼하는 지인의 결혼식에 참석했다. 조용하고 경건하게 진행되는 예식에서 주례를 맡은 신부님은 생각의 다름과 차이를 인정하는 것에 대해 말씀하셨다.

너와 나는 같을 수 없고 다른 존재이다. 서로 다른 차이를 인정하고 상대방과 나와의 다른 점을 인정해야 한다. 서로 '다르다'는 것은 서로 '도와주라'는 의미이며, 서로 다른 남녀가 새롭게 인생을 시작할 때 서로 도와주고 아껴주라고 당부했다.

물론 처음에는 하늘의 별도 달도 따줄 것처럼 시작되는 것이 남녀 간의 사랑이다. 서로 다른 환경과 가치관을 가진 남녀가 부부가 되고 나면 처음의 결혼 서약은 언제 그랬냐는 듯 변하는 것이 바로 결혼 생활이자 현실이다.

『사랑과 성격 사이』 책의 저자인 마티와 마이클은 부부다. 아내 마티는 주말에 한 건 이상 약속을 잡지 않는다. 반면 남편 마이클의 주말 일정은 약속으로 가득 차 있다. 마티는 낯선 사람들로 붐비는 파티에 가느니 안락한 침대에 누워 추리소설을 읽는 것이 낫다고 생각한다. 그러나 마이클은 새로운 사람들을 만날 수 있는 파티를 '멋진 경험'이라고 생각한다.

두 사람은 휴가를 보내는 방식도 매우 다르다. 마티는 호텔에 들어서면 욕조에 물을 받고, 폭신한 베개에 기대 영화를 보기 시작한다. 이와 달리 마이클은 열심히 돌아다닌다. 호텔 주변을 살피러 나갔다가 돌아와서는 다음 날 일정에 대한 계획을 쏟아 놓는다. 두 사람의 이 같은 차이는 마티는 '내향인(introvert)'이고, 마이클은 '외향인(extrovert)'이기 때문이다.

내향인은 행동이나 말로 옮기기 전에 생각을 먼저 한다. 고독을 즐기며 많은 사람들과 어울리고 난 후에는 에너지가 고갈됐다고 느낀다. 여럿이서 재잘대는 것보다는 1 : 1 대화를 선호하며 좋은 친구를 한 두명 가지고 있다.

반면 외향인은 생각하기 전에 충동적으로 말하고 행동한다. 자극과 활동, 사람들과의 교류를 즐기며 너무 오래 혼자 있으면 에너지의 고갈을 느낀다. 많은 사람들을 자신의 친구로 여기며 여럿이서 떠들어대는 것을 좋아한다.

이러한 내향인과 외향인 커플은 때로 과학의 힘을 빌려 서로를 이해하는 것이 감정적인 오해를 막는 데 도움이 된다. 내향인과 외향인은 우선 뇌(腦)의 사용 부위부터가 다르다. 내향인은 뇌의 앞부분을 주로 쓴다. 뇌의 앞부분에서 분비되는 아세티콜린은 차분하고 평화로운 느낌을 주는 신경전달물질이다. 반면 외향인은 뇌의 뒷부분을 잘 이용한다. 이곳에서 분비되는 도파민은 흥분을 일으키는 호르몬이다.

이러한 차이들은 갈등을 증폭시키는 원인이 되기도 하지만 조화와 성장의 가능성을 제공해 주기도 한다. 그러므로 상대의 차이를 인정해 주면 서로를 보완해 줄 수 있다. 외향인은 내향인 덕분에 내면세계를 더욱 풍요롭게 가꿀 수 있고, 내향인은 외향인으로 인해 정보를 얻고 외부세계를 경험할 수 있기 때문이다.

부부의 모습들을 살펴보면 어느 사이 그들이 닮아 있음을 볼 수 있다. 두 사람 모두 전혀 다른 세계에 살고 있고, 세계를 바라보는 시각도 사뭇 다르다. 그러나 그들의 인상을 보면 어딘가 모르게 닮은 구석이 있다.

인상은 사람의 얼(정신, 마음)을 비추는 거울이라는 뜻이다. 사람의 얼은 그 상태에 따라 기쁘면 기쁜 대로, 슬프면 슬픈 대로 얼굴 근육의 변화를 일으키며 만들어지는 것이 바로 표정이다.

그들은 좋은 일에 함께 웃고, 슬픈 일에 함께 슬퍼했음에 서로의 얼굴에서 풍겨나오는 미소나 표정이 닮아 있는 것이다.

한국철학회 건양대학교 김준우 교수는 늙어가는 과정은 경쟁에서 벗어나 부귀와 빈천(貧賤)에 흔들리지 않고 어떤 부당한 힘에도 굴복하지 않는 자유로운 사람이 되어 가는 과정이라고 말한다. 그것은 자신이 모든 것을 알고 있다고 생각하는 사람은 아무 것도 배울 수 없음을 의미한다. 의심과 저항심을 가지고 있는 사람은 더욱 그렇다. 무슨 일이든 마음을 열고 행동하거나 자신의 발전과 안락함, 행복해지는 것을 즐거워하며 나누고 봉사하려는 사람은 매우 현명한 사람이다. 그런 의미에서 볼 때 한국컴패션 상근봉사자 문애란씨의 삶은 자연스럽게 늙어가는 것이 어떠한 것인지를 말한다.

 광고회사 웰컴 전 대표이자 제일기획 공채 1기로 '최초'의 여성 카피라이터, 제작팀장, 독립 광고대행사 대표까지 '광고계 여성 1호'를 독차지했던 사람이다. 더 많이 갖고 싶도록, 더 많이 사고 싶도록 만드는 광고업계에서 더 소박하게 살고 더 많이 나누도록 해야 하는 비영리 부문에서 상근봉사자로 활동하고 있는 것은 매우 이례적인 일이다.

 거역할 수 없었던 마음의 소리를 따라 한국컴패션 대표와 인연이 되어 필리핀의 어려운 아이들을 만나기 위해 비전트립을 갔다. 그런데 그곳의 아이들은 엄청나게 열악한 환경에서 살고 있으면서도 너무나 행복해하고 있었다. 그 모습을 보고 삶의 의미를 다시 한번 생각하게 되었고 굶주리고 병들어서 내일을 약속할 수 없는 아이들을 안고 하루 종일 펑펑 울기만 했다.

 많은 사람들이 그녀에게 왜 광고를 그만두었느냐고 묻는다. 그러나 그녀는 이곳에 온 후 이 일을 하기 위해 그동안 준비해왔구나 하는 생각을 갖게 되었다. 제3세계 아이들을 돕기 위해 돈을 달라고 말하지 않는다. 사람들의 마음 속에 있는 생각을 읽고, 이 일 자체가 그 사람의 인생에 어떤 영향을 끼칠지, 또 삶을 얼마나 행복하게 만들어 줄 것인지에 대해 말해준다. 그리고 나눔이 처참하고 불쌍한 현장을 보고 마음이 울컥해 한번 하는 것이 아니라, 생활 속에서 녹아나는 긴 여정이 되어야 한다고 말한다.

이처럼 서로 '다르다'는 것은 '도와주라'는 뜻이다. 남녀관계, 인간관계, 부부관계 등 많은 관계 속에서 서로의 차이를 인정하고, 배려하고, 나누고, 봉사하는 삶이 얼마나 멋지고 아름다운 일인지 깨닫게 되는 순간, 우리는 멋지게 나이 드는 법을 조금씩 터득하게 될 것이다.

다름과 차이를 인정하라. 그리고 거기에서 오는 상황과 순간을 자연스럽게 즐기라. 데뷔하고 40여년의 세월이 지난 영화배우 오드리 헵번의 얼굴은 태양 앞에 찌푸리고, 웃을 때 웃고, 눈물 흘릴 때 눈물 흘린 얼굴이 되었다. 그녀의 이마에 주름이 있었고, 눈가에는 더 많은 주름이 있었으며, 날카롭던 턱선은 점점 더 부드러워졌다. 그녀는 풍만함을 가장하지 않으려 했던 것처럼 젊음을 가장하지 않았고, 실제 나이인 63세처럼 보이기를 마다하지 않았다. 그녀는 제 나이가 아닌 척하는 그 어떤 여성보다 더 멋지게 살아왔다. 그녀가 우리 곁에 더 머물러 있었다면 우리 모두에게 멋지게 나이 드는 법을 가르쳐 주었을 텐데 말이다.

05
자신만의 고슴도치 찾기

요즘 젊은 20~30대 여성들을 보면 '참 똑똑하고 당차다'라는 말이 절로 나온다. 그들은 자신의 삶에 매우 진지한 자세를 취하고 있으며 자아를 찾기 위한 노력과 열정에 에너지를 쏟아 붓는다. 자신을 사랑하는 마음 즉 자기애가 남다른 것도 이전 세대와는 분명히 다르다. 그리고 성공에 대한 갈망 또한 매우 크다.

그러나 문제는 여기서부터 출발한다. 『좋은 기업을 넘어 위대한 기업으로』 저자 짐콜린스는 '고슴도치 개념'에 대해 말한다. 여우는 많은 것을 알지만, 고슴도치는 한 가지 큰 것을 안다. 즉 여우가 공격할 때 몸을 말아 동그란 작은 공으로 변신하는 재주이다. 여우가 훨씬 교활하지만 이기는 건 늘 고슴도치다. 그가 말하고자 하는 것은 누구든지 자신이 세계 최고가 될 수 있고, 깊은 열정을 갖고 있고, 그걸로 돈도 벌 수 있는 일을 찾아서 거기에 집중하면 된다는 것이다.

그러나 똑똑하고 당찬 젊은 여성들은 여우와 같은 날렵함과 교활함을 가지고 있지만 정작 고슴도치를 이길 수 있는 강력한 무기나 재주는 없다는 것이다. 그 이유 몇 가지를 들 수 있다.

첫번째, 동조하기다. 모두가 '예스'라고 할 때 '아니오'라고 말하면 낙인이 찍히거나 낙오된다고 생각한다. 그래서 다수의 의견 혹은 다수가 지향하는 것을 따라야만 어느 정도 보편적인 수준이라고 생각한다. 그러다보니 개성없는 옷차림, 한결같아 보이는 성형수술, 똑같은 핸드백, 똑같은 수순의 스펙쌓기 놀이 등이다. 도톨이 키재기 상황에서 과연 그들이 바라고 원하는 것들이 쉽게 이루어질 수 있을지 매우 의문이다.

두번째, 타인 의식하기다. 일가친척 모두 모인 자리에서 한마디씩 툭툭 건네는 말에 주눅이 든다. 취직해야지, 시집가야지, 애기 낳아야지, 둘째 낳아지 하는 말들은 관심의 표현일 뿐 정작 아무도 당신에게 실질적인 도움은 주지 않는다. 그런 관심의 표현에 지나치게 민감하게 반응하며 정작 해야할 일들에 신경을 놓치는 것은 매우 어리석은 행동이다. 내 인생은 나의 것이지 아무도 내 삶을 대신 살아주지 않기 때문이다.

세번째, 비교하기다. 남들 일에 너무 관심이 많고, 남들과 의식해 비교 경쟁한다. 주변 사람과 상황을 두루 살피는 것은 매우 자연스러운 일이지만 그로 인해 지나치게 타인과 자신을 비교하며 '엄마 친구 딸(엄친딸), 엄마 친구 아들(엄친아)'과의 비교 경쟁은 매우 무의미한 일이라고 볼 수 있다.

네번째, 나무만 보는 눈이다. 정작 멀리 보이는 숲과 경치는 감상하지 못하고 눈 앞에 놓인 나무 보기에만 급급하다. 그러다보니 수동적인 사소한 일들만 해낼 뿐 정작 큰 일을 도모하기에는 무리수가 따른다.

다섯째, 귀인을 모른다. 어떠한 일을 할 때 정작 중요한 것은 사람이다. 그래서 늘 올바른 사람과 함께 일해야 한다. 어차피 인생이란 사람이니까 말이다. 그런데 자신의 눈 앞에 놓인 이해관계에 따라 사람을 사귀고 정작 귀인의 도움은 피해버리고 만다. 귀인은 눈 앞의 이익에 따라 움직여야 되는 사람이 아니라 우리 주변 가까이에 있는 사람들이다. 또한 귀인은 꼭 타인뿐만 아니라 당신 자신 역시도 귀인이 될 수 있다는 것을 인식하고 있으면 된다.

그런 다음 내가 잘 할 수 있는 일을 찾으면 된다. 그래야만 자신감을 갖고 도전해 볼 수 있기 때문이다. 또 그 안에서 즐거움과 재미를 찾아야 한다. 그러면 도중에 쉽게 하차하지 않고 계속해서 정진할 수 있기 때문이다. 그리고 내가 노력한 만큼 성과와 결과로 이어져서 금전적인 보상이 가능하도록 만드는 일이다. 잘 할 수 있는 일과 좋아하는 일도 중요하지만 그 보다 더욱 중요한 것은 현실에서의 삶이기 때문이다.

여성은 결혼 후에도 육아를 병행하면서 할 수 있는 일을 찾아야 한다. 경력의 단절이 오는 순간은 바로 결혼 이후 출산과 육아의 문제이기 때문이다. 그러므로 그 일을 통해 자신만의 이름으로 창업이 가능하다면 그보다 더 좋은 선택은 없을 것이다.

외형의 화려함이나 그럴듯한 모습만 보고 일을 선택하기 보다는 향후 몇 년 뒤 자신의 모습을 구체적으로 그려볼 수 있는 실질적이고 현실적인 고슴도치를 찾으라는 것이다.

최근에는 여성들의 사회 진출이 늘어나면서 도전해볼 수 있는 직업군도 매우 다양해지고 있다. 요리, 인테리어 등은 이미 주부들의 활약이 두드러진 분야로 자리 잡아 가고 있는 가운데 키친매니저나 미스터리쇼퍼 등도 새롭게 떠오르는 직업으로 주목받고 있다.

미스터리쇼퍼는 '고객 가장 소비자'로 의뢰업체 매장에 고객으로 가장해 방문하여 쇼핑이나 시식을 한 후 의뢰업체에 개선사항을 제시해 주는 모니터링 활동을 주업무로 한다. 이 분야에서는 남성보다는 여성, 그 중에서도 특히 주부들의 활약이 두드러진다는 평가다. 다만 아직 국내에서는 전업보다는 부업 형태로 이루어지는 경우가 많다.

이 외에도 '키친디자이너'와 비슷한 개념으로 통하는 키친매니저는 일명 '주방설계사'로 이사나 집 리모델링 시 주방 및 붙박이장 등의 실측에서부터 트렌드와 주택의 형태까지 고려해 고객 맞춤형으로 설계해주는 일을 한다. 비교적 탄력적으로 출퇴근할 수 있다는 점과 급여 산출 시 기본급 외에 영업 수당이 더해지기 때문에 개인의 능력 여부에 따라 성과도 달라진다는 점 등이 매력적이다.

또한 재취업에 도전하려는 여성 주부라면 재취업을 고려할 때 우선 직업적 편견이나 선입견부터 없애야 한다. 공백 기간을 인식하지 못한 채 '왕년'만 떠올린다면 매우 곤란하다. 오히려 동종 직업으로 재취업할 경우 전업 주부로 살았던 시간의 공백을 극복하지 못한 채 자신감을 잃거나 의욕상실에 빠질 수 있다. 반면 직업에 대한 편견을 버리고 새로운 직업에 도전하여 자신만의 능력을 재발견하고 삶의 터닝포인트를 마련할 수도 있다.

김OO씨는 현재 유니베라 '유피'(생활건강설계사)로 수석지부장을 맡고 있다. 입사 전, 자신은 방문판매사원에 대한 편견으로 가득찼던 사람이라고 말했다. 결혼 전 YMCA 전문 강사로 일했던 그는 방문판매사원이 오면 문도 안 열어줬을 정도로 선입견이 대단했다. 그런 그가 방문판매사원으로 성공하기까지는 우연한 기회에 직업적 편견을 깬 것이 한 몫한 경우다.

아이들 속옷까지 다려줘야 직성이 풀렸을 정도로 깐깐한 성격이었던 그는 자신이 먹는 건강기능식품의 성분이 궁금해 제조회사를 찾아갔다가 방문판매사원의 길에 발을 들이게 됐다. 식품에 대한 믿음으로 방문판매사원 교육 프로그램에 참여하게 되었고 이후 주변 사람들에게 자신이 먹던 건강기능식품을 하나 둘씩 권하면서부터 오늘에 이르렀다.

입사한 지 채 6개월도 지나지 않아 초고속 팀장으로 승진했다. 이후 최단기간 부장 승진을 기록하며 사내에서 사원들에게 수여하는 각종 상을 휩쓸고 있다. 나이와 학력에 제한 없이 누구나 입사 지원할 수 있지만 입사 후 부장 승진까지는 일반적으로 7~8년의 기간이 필요하다. 그러나 그녀는 사내에서 자체적으로 진행하는 사원교육 프로그램을 통해 자신도 몰랐던 잠재력을 발굴하게 된 것이 재취업 후 가장 큰 성과라고 말했다. 이제 재취업 6년 차에 들어선 지금에는 자신감은 갖되 좀 더 전문적이고 전략적으로 접근하라고 조언한다. 주부들이 열심히 일할 수 있는 환경을 제공하는 회사, 복리후생제도를 꼼꼼히 살펴보는 것도 중요하다고 말한다.

이 밖에 창업에 대한 주부들의 관심도 매우 높다. 요즘엔 온라인 쇼핑몰 창업이 30~40대 주부들에게 매우 인기다. 재택근무가 가능하고 가사나 육아를 병행할 수 있는 점 등이 장점으로 꼽힌다. 그러나 이미 창업에 성공한 주부들은 철저한 사업계획 없이 시작하거나 공사(가정 일과 사업)를 구분하지 못하면 실패할 수 있다고 엄중하게 경고한다. 그래서 창업 교육을 받는 것도 매우 중요하다.

여성기업가 양성을 목표로 여성창업을 적극 지원하는 경기도여성능력개발센터 조정아 소장은 창업컨설팅이나 교육을 받지 않고 창업하게 되면 실패할 확률이 높다고 말한다. 교육은 실패하면 수료증을 못 받는 것으로 끝나겠지만 창업은 한번 실패하면 가정까지도 위태로워질 수 있는 중요한 문제이기 때문에 보다 신중하고 전문적으로 접근하는 자세가 필요하다고 말한다.

그러므로 재취업, 창업 관련 상담, 교육을 받을 수 있는 기관을 활용하는 것이 좋은 방법이 될 수 있다. 여성가족부에서는 전국 77개소에 취업지원 서비스를 제공하는 여성새로일하기센터(여성인력센터, 여성회관, 여성발전센터 등 기존 시설을 '새일센터'로 지정)를 운영하고 있다. 새일센터에서는 주로 직업상담과 직업교육, 취업지원서비스 등을 운영하고 있다.

자신만의 고슴도치를 찾기 위해서는 무엇보다 자신에 대해 잘 아는 것이 중요하다. 그런 다음 눈과 귀를 열고 인터넷 정보를 서치하고 무엇보다 중요한 것은 현재 그 직업 또는 그 일을 하고 있는 사람들의 살아있는 얘기들을 접하는 것이 가장 중요하다. 실질적인 정보는 곧 큰 자산으로 돌아오기 때문이다.

이제 타인을 의식하고, 비교하면서 허송 세월 시간을 낭비하기 보다는 확고한 신념과 구체적인 목표를 가지고 자신만의 비범한 고슴도치 찾기에 주목해 볼 필요가 있다. 그래야만 항상 당당하고, 자신감 있게 자신만의 삶을 영위할 수 있기 때문이다.

평범했던 학창시절을 함께 보낸 한 친구가 어느 날 브라운관에 등장했다. 그녀는 CF를 찍었고, 드라마에도 출연했다. 그리고 돌연 화면에서 사라진 어느날, 그녀는 어느 유명인의 현모양처 아내가 되어 돌아왔다.

오랜 시간이 지난 후, 인터뷰 화면에 얼굴을 비친 그녀는 자신의 현재 삶은 매우 행복하다고 말했다. 여전히 예쁘고 변함없이 아름다운 모습이었다. 그래서일까. 그래도 다시 그녀를 브라운관에서 볼 수 있었으면 좋겠다는 생각을 하게 되었다. 학창시절 그녀에 대한 기억은 누구누구의 아내가 아니더라도 충분히 그녀만의 고슴도치를 가진 친구였기 때문이다. 지금도 그녀는 매우 예쁘고 아름다웠다.

06

셀프 브랜딩 시대를 말하다

요즘 우리는 브랜드 홍수 속에 살고 있다. 아파트, 극장, 레스토랑, 의류, 휴대폰, 가전제품, 화장품, 커피숍까지 모든 생활이 브랜드로 시작해서 브랜드로 끝난다고 해도 과언이 아니다. 이러한 브랜드는 '우리의 머릿속에 살아 움직이는 어떤 것이다'라고 정의되며 단어, 이미지, 감정 또는 이 세가지 모두 혼합된 형태로 해석될 수 있다.

성공한 브랜드라면 예외 없이 사람들의 시선을 사로잡는 단순하고 매력적인 아이디어에 기초했다. 물론 기존에 소비자들이 접해본 것과 차이가 있고, 소비자의 필요에 매우 관련된다는 점이다. 그러나 여성은 브랜드를 사는 게 아니라 브랜드를 통한 관계, 문화, 경험을 산다.

좋은 브랜드는 특별한 것을 얘기한다. 다른 브랜드에 비해서 완전히 차별화 된 약속을 소비자들에게 호소하고 전달하는데 있다. 유명한 틈새 브랜드가 성공가도를 달릴 수 있는 것은 바로 영업전략과 브랜드 아이디어를 특정한 소비자 그룹에만 집중적으로 적용한다는 점이다.

페덱스라는 기업이 있다. 회색 빌딩 숲 사이에 하얀 트럭이 분주하게 움직인다. 이 트럭은 잘 알려진 아이콘(로고)을 달고 다닌다. 보라색과 초록색, 보라색과 오렌지색 아니면 보라색과 빨간색 등 로고의 색이 트럭마다 다르지만 어쨌든 페덱스(FedEx) 브랜드의 로고라는 것은 쉽게 알아볼 수 있다. 하얀 트럭이 페덱스 브랜드를 상징하는 것만큼이나 확실한 것이 하나 더 있다면 그것은 바로 페덱스의 직원들이다.

창업자 프레드 스미스는 페더널 익스프레스 회사를 창립하고 '신뢰성'이라는 아이디어를 바탕으로 비즈니스 모델을 설계했다. 이 신뢰성은 다음날 아침 10시 30분까지는 틀림없이 배달한다는 것이 브랜드 약속이었다.

페덱스라는 브랜드 이름은 고객들과 그 밖의 외부사람들에게는 익일배송을 의미하는 단어였지만 직원들에게는 최고 배송업체로서 신용을 잃지 않도록 정시배송에 최선을 다하는 기업이 되어야 한다는 사명감이 있었다. 그래서 모든 직원들은 페덱스가 빠르고 믿을 수 있으며 놀라울 정도로 효율적인 배송 브랜드이자 그들은 그 브랜드의 핵심 인물이었다.

게토레이는 플로리다대학교의 연구진이 개발했다. 플로리다처럼 햇살이 강한 곳에서 운동을 하게되면 선수들이 쉽게 탈수증상을 보이고 기량이 현저하게 떨어지게 된다. 그래서 선수들에게 수분을 보충해 주는 것이 급선무이다. 하지만 단순히 물을 마시는 것만으로는 한계에 부딪히게 된다. 오랜 연구 끝에 과학자들은 탄수화물과 전해질이 풍부한 음료를 개발하게 되었다. 처음에는 플로리다 주민들이 먼저 음료를 마셔보고, 건강과 운동에 상당한 효과가 있다는 것을 알게 되었다. 그래서 게토레이라는 브랜드가 탄생하게 되었다.

게토레이 브랜드의 핵심은 운동선수들의 기량을 높여주는 효과와 그 점을 증명하는 과학적 근거로 상당히 두터운 지지층을 확보했다. 단순한 수분보충을 넘어서 운동효과를 증대시켜준다는 점에서 상당수의 운동선수들이 애용하는 음료수가 되었다.

유명한 스포츠 음료 브랜드들은 광고와 포장, 홍보 등에 상당한 노력을 기울이는데 게토레이 역시 예외는 아니다. 실제 스포츠 경기가 진행될 때 수분을 보충하고 운동기량을 향상시키는 데 직접적인 효과가 있다는 것을 활용하고 있다. 운동경기장에 가면 커다란 게토레이 광고판을 보았을 것이다. 또 선수들이 게토레이를 벌컥벌컥 들이키는 모습은 게토레이를 홍보하는 효과가 되었다.

KFC(켄터키 프라이드치킨)의 성공비결은 패스트푸드를 주로 찾는 젊은 고객층에 주목했다는 것이다. 먼저 켄터키 프라이드치킨의 브랜드 이름을 KFC로 바꾸면서 그 당시 정부에서 금지한 단어 '프라이드(fried)'를 피하는 동시에 좀 더 간결한 이름을 갖게 되었다. 그리고 고객들은 음식을 더 빨리 제공할 수 있도록 새로운 장비도 구입했다.

브랜드 이미지인 샌더스 대령에 주목하고 그의 이미지를 우표 정도의 크기로 축소했다. 그리고 세 줄로 된 붉은 레이싱 스트라이프 모양을 넣어서 스피드를 더욱 강조했다. 그러나 고객들은 켄터키 할아버지가 빠진 KFC는 예전처럼 맛있는 치킨을 만들 수 없을 거라고 생각했다. 고객들은 켄터키 할아버지가 다시 등장하길 원했다.

할아버지의 푸근한 이미지는 그 동안 KFC 브랜드 파워로써 매우 긍정적인 느낌을 주었다. 하얀 턱수염의 푸근한 인상은 지역과 문화를 막론하고 모든 사람에게 쉽게 기억되었다. 할아버지의 얼굴은 KFC 브랜드의 핵심, 즉 브랜드의 신뢰도와 브랜드 고유의 맛깔스런 조리법을 연상시킨다고 인식하고 있었다. 그래서 현재 KFC에서 볼 수 있는 샌더스 대령의 얼굴은 좀 더 모양을 내고 더 따스하고 부드러운 미소를 머금었다는 사실을 알 수 있다.

블랙베리 통신기기는 이미 전 세계 고위급 비즈니스맨들이 애용하는 도구다. 대중매체에 광고를 하지 않고도 그렇게 널리 보급된 것은 블랙베리 사용자들의 입소문 덕분이었다. 그 기기를 아는 사람들 사이에서는 이미 상당한 신뢰도를 확보한 상태였다.

이용자들 대부분은 일주일 내내 또는 하루 종일 블랙베리를 곁에 두고 있다. 무엇보다도 흔해빠진 기계식 이름이나 휴대용 이메일 기계와 같은 진부한 이름을 탈피했다는 것 자체가 브랜드의 차별성을 크게 부각시켜 주었다.

블랙베리라는 상품이름은 사람들이 편안하게 접근할 수 있도록 해주고 디자인 또한 휴대용 통신기기 중에서는 최신 감각을 자랑한다. 그리고 제일 중요한 것은 바로 제품의 기능면이다. 이 브랜드는 처음부터 사람들의 입소문에 의존했다. 처음에는 월스트리트 쪽으로 블랙베리를 홍보하려고 상당히 애를 썼다. 투자은행이나 그 밖의 유사업종 종사자들에게 무료로 블랙베리를 사용하게 해주었다. 쉽게 말하자면 일종의 샘플링 전략이다. 이렇게 하다보니 블랙베리는 일종의 신분표시 장치가 되어버렸고 결국 동질감을 느낀 비즈니스맨들 사이에서만 점차적으로 보급되어 블랙베리는 오늘날의 인지도를 얻게 되었다.

이제는 이러한 제품뿐만 아니라 사람 즉 각 개인에게도 브랜드가 필요한 시대가 되었다. 다양하고 다변화 되는 사회, 빠르게 움직이고 변화하는 세상에 살고 있다. 자기계발과 성장 없이는 도태될 수밖에 없는 시대에 도래했고 이제 더 이상 매월 꼬박꼬박 찍히는 월급 통장만을 의지하기에는 역부족이다.

그래서 자신만의 차별화 된 전략으로 셀프브랜딩을 시작해야 할 때다. 셀프브랜딩이란 스스로가 자신만의 장점과 강점을 살려 타인과 차별화 되는 자신만의 이미지 구축 자신만의 영역, 입지를 만들어 나가는 브랜드 전략을 말한다.

일본의 지요지루 나요요시 학자는 21세기 현대인이 갖추어야 할 능력에 대해 이렇게 말한다.

첫째, 필수능력이다. 이것은 사회생활과 직업생활 하는데 있어 가장 필수적으로 요구되는 능력을 말하는데 여기에는 컴퓨터 활용능력과 외국어 능력이 포함되어 있다.

　기본적인 컴퓨터 활용에서부터 전문적인 능력까지 모두를 포괄한다. 이제 세상은 글로벌 시대가 되었고 그들과 당당히 자신감 있는 태도로 의사소통 하기 위해서는 외국어 능력이 필수라는 사실은 두말하면 잔소리처럼 들릴 것이다.

　둘째, 전문능력이다. 대학교에서 4년간 전공한 분야를 통해 직업을 선택할 수 있는 자신만의 전문분야를 말한다. 이러한 전문능력은 그동안 공부하고 학습한 전문지식과 기술이며 이러한 전문지식과 기술을 통해 오랜 시간 당신만의 노하우를 갖게 되는 숙련된 경험 모두를 포괄하게 된다.

　셋째, 핵심능력이다. 필수능력과 전문능력을 기본으로 하되 여기에 이 시대가 더욱 절실하게 요구하는 능력을 말한다. 사람과의 관계 속에서 그들을 유연하게 리드할 수 있는 리더십과 업무를 효율적으로 효과있게 추진해 나갈 수 있는 전략설정 능력이 필요하다. 또한 정보의 홍수시대에 쏟아지는 다양한 정보들을 수집하고 분석할 수 있는 정보분석과 많은 대중들 앞에서 자신을 표현해 낼 수 있는 프리젠테이션 능력 또한 핵심 능력 중 하나이다.

　넷째, 커뮤니케이션 능력이다. 모든 일은 사람을 통해 이루어진다. 사람과 사람 사이의 관계 맺기, 소통, 좋은 이미지, 첫인상, 대화하는 방법 및 스킬 등 이러한 모든 것이 적절히 이루어질 때 당신만의 셀프브랜딩에 성공할 수 있게 된다.

 가수를 꿈꾸던 어느 환풍기 수리공이 134만명의 경쟁자를 물리치고 2억원의 상금과 함께 가수로 데뷔하였다. 그 꿈의 주인공은 '슈퍼스타 K'가 탄생시킨 허각이라는 사람이다. 그는 학벌이나 배경없이 노래와 가창력만으로 자신만의 브랜드를 만들어 냈고, 이제 그는 자신만의 차별화되고 공격적인 마케팅 전략으로 브랜드를 구축해 나갈 것이다.
 매 순간 우리는 무엇인가를 선택해야 하고 때로는 선택 받아야 하는 순간이 온다. 그때 사람들의 인식 속에 차별화 되는 것, 그것이 바로 브랜드이며 그것을 가능하게 만드는 요소는 바로 브랜딩 전략이다. 이제 브랜드는 제품뿐만 아니라 각 개인에게도 매우 중요한 사안이 되었다. 특정 연예인이나 특정 사람들만의 전유물이 아닌 당신 자신도 새로운 브랜드가 될 수 있음을 기억하자.

07
백번의 말보다
한번의 행동으로 보여주라

실연 당한 사람들에게 종종하는 말이 있다. 사람에게서 받은 상처는 사람을 통해 극복될 수 있다고 말이다. 그리고 새로운 사람을 만나라고 조언한다. 실연을 경험해 본 사람이라면 누구나 안다. 실연이 주는 아픔이 얼마나 큰 스트레스로 작용하는지 말이다. 뿐만 아니다. 스트레스는 사람을 통해서 혹은 어떠한 상황을 통해서도 생기기 마련이다.

스트레스란 생체의 평형을 깨뜨릴 수 있는 모든 외부 자극을 통칭하는 말이다. 즉, 외부에서 주어지는 압력때문에 내적인 긴장감을 느끼게 하는 것이다. 이러한 스트레스는 회피할 수도 없고, 저항할 수도 없는, 삶의 과정에서 자연스럽게 나타나는 것으로 인식하면 된다. 그러나 그 정도가 지나치게 되면 정신 건강을 해치는 주범이 되고 만다.

그러나 스트레스가 반드시 해로운 것만은 아니다. 스트레스는 어려움을 극복하게 해주고 목표를 성취하도록 힘을 주며 동기를 유발시키고 삶의 활력을 불러 일으켜 주기도 한다. 적당한 스트레스는 오히려 생활의 촉진제가 될 수 있다는 것이다.

따라서 건설적일 수도 있고, 파괴적일 수도 있는 이 스트레스를 어떻게 대처하느냐에 따라 우리의 건강과 행복은 크게 영향을 받게 된다. 그러므로 스트레스를 적절하게 받아들이고 반응하며 해소함으로써 육체적, 정신적 건강을 지켜내야 할 것이다.

스트레스를 해소하는 방법에는 각 개인마다 조금씩 차이가 있지만 가장 좋은 방법은 사람을 통해 해소하는 방법이다. 심리학자 제임스 페니베이커는 학생들을 대상으로 4일 연속 20분씩 그들이 겪은 힘든 경험을 쓰게 하는 실험을 했다. 실험 결과는 매우 놀라웠다. 실험에 참여한 학생들이 더 행복해지고 몸도 건강해진 것이다.

그리고 또 다른 방법은 신뢰할 수 있는 사람에게 생각과 감정을 말로써 털어놓는 것도 도움이 된다. 우리에게는 감정을 표현할 기회가 필요하다. 화가 나고 불안할 때 친구에게 얘기를 하고, 두렵거나 질투가 날 때 일기를 쓰고, 비슷한 문제로 고민하는 사람들과 만나 도움을 주고받거나, 슬프거나 기쁠 때 혼자서 혹은 사랑하는 사람 앞에서 눈물을 흘릴 수 있어야 한다.

이때 필요한 사람은 바로 수다 친구다. 친구와 함께 끊임없이 수다를 떨다보면 몸과 마음이 모두 한결 가벼워지는 것을 느끼게 된다. 그런 수다 친구는 주변 가까운 곳에서 얼마든지 찾을 수 있다. 나의 가장 가까운 수다 친구로 엄마를 꼽을 수 있다. 엄마란 존재는 가정과 아이를 지키는 엄마 특유의 위기관리 능력으로 강력한 리더십을 발휘하는 사람들이다. 그들에게는 어떠한 말이나 행동이 모두 통할 수 있는 유일한 존재이기도 하다.

흔히 남녀간의 리더십 차이를 비교할 때 등장하는 개념이 상어형과 돌고래형이다. 상어는 함께 행동하기보다는 나 홀로 공격하고 쟁취하는 남성적 성향이고, 돌고래는 뛰어난 커뮤니케이션 기술을 가진 여성적 성향으로 비유하곤 한다.

특히 돌고래처럼 역할을 분담하고 친화력과 높은 소통능력으로 정보와 성취를 함께 나누는 특성은 엄마형 리더십의 특징이다. 위기일수록 저력을 발휘하는 엄마형 리더십은 여성 특유의 섬세함과 유연성을 가지고 있으며 무엇보다 어떤 어려움 속에서도 가정과 아이를 지켜내는 '엄마 정신'을 가장 중요한 덕목으로 인정하고 적극적으로 배워야 한다.

엄마들은 말 못하는 아기의 말도 이해한다. 모든 배움의 첫 단계는 리스닝(listening)에서 시작된다. 리스닝은 모든 커뮤니케이션에서 가장 중요한 스킬이다. 열심히 성의 있게 상대방의 얘기를 귀담아듣는 것은 그들의 의견을 존중한다는 사실을 표현하는 적극적 행위이며 상대의 인격을 존중하고 자신의 품위를 유지하는 수단이 된다.

엄마들은 아이가 어려서 말을 못할 때부터 표정만 봐도 어디가 아픈지, 기분이 좋은지, 배가 고픈지 알 수 있다. 이러한 경험을 통해 엄마들은 말 뿐만 아니라 제스처, 얼굴표정 등 드러나는 모든 상황을 종합적으로 판단하여 상대가 처한 입장을 정확히 파악하는 법을 터득하게 된다. 관심과 배려의 중요성이다.

엄마형 리더십은 크게 꼼꼼함과 유연성, 서비스 정신 세가지로 요약할 수 있다. 꼼꼼함은 자신이 맡은 일을 정확히 처리하는 책임감의 형태다. 따라서 엄마형 리더십을 발휘하는 사람들은 절대 불필요한 호언장담이나 지킬 수 없는 약속은 하지 않는다.

유연성은 여성 특유의 직관력과 더불어 본능적인 위기대처 능력을 말한다. 또한 자유로운 발상의 전환으로 남들이 미처 보지 못하는 틈새를 발견해내는 안목을 가진다.

서비스 정신은 한마디로 가족에게 서비스하듯 상대방을 배려하는 것이다. 인간관계 속에서 가장 중요한 것은 바로 자신과 상대방의 차이를 인정하고 너그럽게 이해하며 배려해 주는 것이 가장 기본 중 하나지만 결코 마음처럼 쉽지 않은 것이 사실이다.

언제 어디서나 책임감은 기본이다. 아무리 선의를 바탕으로 정직하게 약속한 것이라도 능력이 부족해서 약속을 이행하지 못했다면 책임감이 없다고 할 수 있다. 또한 능력이 있어도 정직한 자세로 최선을 다하지 않았다면 그 역시 책임감 있는 자세라 할 수 없다. 결국 책임감이란 자신의 역할을 정확히 이해하고 말과 행동이 일치하며 하고 싶은 일보다 해야 할 일을 우선순위에 두는 것을 말한다.

유연성 있게 대처하는 것은 어떠한 의사 결정 과정에서 최선의 결론을 이끌어 낼 수 있는 능력과 결부된다. 이는 의사결정 과정에서 갈등이 발생 되었을 때 그 갈등을 해소하고 의견의 중지를 모을 수 있는 발전적인 과정을 갖게 된다. 위기대처 상황 또한 유연성은 그 힘을 발휘하게 된다. 그러므로 현명한 여성일수록 위기를 기회로 신속하게 바꿔 상대방의 신뢰를 얻을 수 있다. 그런 점을 볼 때 유연성은 더 나은 방향으로 이끄는 힘, 즉 융통성과 그 맥락을 같이 한다.

사람과의 관계에 있어서 목적이 아닌 관계지향적 네트워크를 지향하는 것은 특별히 노력하지 않아도 나를 중심으로 저절로 사람들이 엮이게 마련이다. 갑자기 필요할 때, 특별한 용건이 있을 때만 연락하지 말고 바쁠 때에도 자주 정기점검을 해두어야 인간관계를 잘 맺을 수 있다. 그러기 위해서는 진심으로 상대에게 관심을 가져야 한다.

또한 포커페이스를 버리고 투명한 커뮤니케이션을 활용해야 한다. 실력 있는 여성과 뛰어난 여성 사이의 가장 큰 차이점은 바로 커뮤니케이션 능력에서 비롯된다. 커뮤니케이션의 기본은 얼마나 상대에게 솔직하게 자신의 마음을 표현하고 전달하는가에 있다. 상대방이 말뜻을 왜곡하지 않고 정확히 받아들일 수 있도록 전달하는 것이 훨씬 생산적이고 효율적인 방식이다.

엄마형 리더십이 갖는 커뮤니케이션 특징은 정직하고 단호한 말투, 상대의 마음을 움직이게 하는 진솔한 내용, 질문을 재차 확인하며 상대의 관점을 이해하려는 태도, 신념에 대한 강한 자기 확신, 열정을 담은 목소리, 상대의 눈을 마주보며 대화에 전념하려는 진지한 자세, 목소리의 톤과 크기, 강약 조절에도 신경을 쓰는 긍정적인 제스처를 사용한다.

아무리 뛰어난 머리와 능력을 가지고 있는 사람일지라도 자신을 낮추지 않으면 그 관계는 오래 가지 못한다. 엄마형 리더십은 적극적인 조정자로서 상호작용을 통해 설득과 대화를 통한 올바른 방향성을 제시해 준다. 아울러 역할모델을 제시하고 코칭 능력을 발휘하여 상황에 따라 적응할 수 있는 역량, 정보 및 노하우를 적극적으로 나눈다. 조바심에 답을 알려주거나 자신의 방식을 따라 하도록 강요하지 않고 스스로 성장할 수 있도록 질문을 통해 자신을 뛰어넘게 만들어 준다.

이러한 엄마형 커뮤니케이션은 조직뿐만 아니라 인간관계 속에서도 매우 중요한 역할을 하게 된다. 엄마가 아이를 대할 때처럼 포근하고 따뜻하게 누군가의 친구가 되어주라. 그러면 상대는 마음을 열고 엄마에게 대하듯 편안한 마음으로 자신의 속내를 털어 놓을 수 있는 진정한 친구가 될 수 있다. 엄마형 리더십은 그 힘이 매우 세고 단단하다.

살아가면서 엄마와 같은 리더십을 발휘하는 사람과 인생의 조언이나 마음 속 깊은 곳의 얘기들을 나눌 수 있는 커뮤니케이션을 할 수 있다는 것은 매우 행복한 일이다.

잘 자라난 아이는 부모의 거울이라는 말이 있다. 그 만큼 어떤 환경과 어떤 부모에게서 교육을 받고 성장했느냐에 따라서 사람의 인품과 기품이 달라진다. 어렸을 때부터 우리는 부모한테서 약속을 잘 지키는 어린이가 되어야 한다고 배운다. 성인이 되어서도 마찬가지다. 약속을 잘 지키는 것은 매우 중요한 일이다. 흔히 인사치례로 언제 한번 만나자고 하거나 밥 한번 먹자라는 공수표를 날리는 사람들이 많다. 그러나 지키지 못할 약속을 하는 것은 매우 바람직하지 않다. 신뢰성에 중요한 의미를 가질 수 있기 때문이다. 지키지 못할 약속이라면 애초부터 입밖으로 꺼내지 마라. 단 지킬 수 있는 약속만 말하고 행동하라. 백번의 말 보다는 한번의 행동으로 보여주는 것이 상대방에게 신뢰감과 책임감이 있는 사람으로 보여지며 신뢰감을 얻는 사람은 어디에서 무엇을 하든 성공할 수 있다. 그것은 진리와 마찬가지다.

08
진정한 카리스마는
조용한 자신감에 있다

내가 조직의 리더로서 발견한 중요한 명제 중 하나는 서로간의 다양성을 인정하고 존중해 주는 일이다. 그것은 바로 어크날리지먼트(acknowledgement)다. 사전적 의미를 살펴보면 '승인'이라는 단어로써 상대방의 장점, 잘한 일 등을 기억하고 있다가 그것을 언어로 표현해 주거나 관심을 보여주는 행동 모두를 말한다.

누구나 그렇듯 사람은 타인에게 인정받고, 칭찬 받고 싶어하는 욕구를 가지고 있다. 인정을 받는다는 것은 자신이 바라는 모습을 상대방이 표현해 주는 것이다. 인정을 받으면 내면화 과정을 통해 인정받은 그대로의 모습을 유지하려고 노력하기 때문이다.

어떤 사람이 어떤 공헌을 했는지 기억하고 있다가 그것을 명확히 언어로 표현해 주거나 한 사람 한 사람에게 관심을 보이며 선물을 하는 것도 승인이다. 이 외에도 인사를 하거나 일상 생활에서 자연스럽게 건네는 말에 이르기까지 상대의 존재를 인정하고 있다는 사실을 전달하는 모든 행위와 언어가 승인에 해당된다. 이것이 바로 어크날리지먼트이다.

인간은 태고 적부터 협력관계를 만들어 살아남은 종족이다. 싫든 좋든 혼자서는 살아갈 수 없는 존재이기도 하다. 그렇기 때문에 사람의 생존 본능은 끊임없이 자기 자신이 협력 관계의 틀 안에 있는지 없는지 동료는 있는지 없는지 점검하게 된다. 자신이 협력관계의 틀 안에 있지 않다는 것은 외톨이, 즉 죽음을 의미하는 것이기 때문에 세심한 주의를 기울여 점검한다. 그리고 그 점검에서 '예스'라는 대답이 나오면 그것이 곧 타인에게 '인정받고 있다'는 것이다.

어크날리지먼트는 상대에게 불안을 불식시키는 마이너스를 제로로 돌리는 역할을 수행할 뿐만 아니라 제로를 플러스의 방향으로 높이는 에너지원이 된다. 사람들은 모두 안심하고 싶어하고 그 욕구를 충족시켜 준 사람을 절대적으로 신뢰하고 그 사람의 요구나 부탁은 무엇이든 응해주고 싶다는 생각을 갖게 된다. 왜냐하면 그 사람의 기대에 부응하면 또 그만큼 안심할 수 있기 때문이다.

남자는 자신을 알아주는 사람을 위해 목숨을 건다는 말이 있다. 자신을 인정해 주는 사람에게는 무언가 특별한 믿음과 존경이 생겨나면서 그 사람을 위해 헌신하고 싶은 것이 인간의 중요한 심리이다. 그러므로 칭찬을 한다는 것 또한 상대를 인정한다는 것이며 그 사람의 내재된 기대심리를 고무시킴으로써 자신감을 고취시키는 동시에 강한 유대감과 동질감을 불러 일으키는 강력한 감정의 수단이 된다.

어크날리지먼트 접근 방법으로 첫번째는 우선 믿고 일을 맡기는 것이다. 맡긴다는 것은 지시하는 것과는 다르다. 맡긴다는 것은 사소한 것까지 일일이 지시하는 것이 아니라 상대방이 재량껏 해나갈 수 있는 일을 할당하는 것이다. 그리고 최종적인 책임은 맡기는 사람이 지겠다고 말한 뒤에야 비로소 맡긴다는 행위가 성립된다.

그리고 일을 맡는다는 것은 인정받고 있다는 사실이 전제로 깔려 있기 때문에 좀 더 창조적이고 움직임도 민첩해진다. 일을 맡길 때에는 목소리 톤을 조금 낮추고 진지한 눈길로 부탁하고 믿고 맡긴다라는 메시지를 명확하게 말해줘야 한다. 그 일이 설령 실패한다 하더라도 상대방의 성장에 큰 도움이 될 것이라는 믿음 아래 시작해야 한다.

두번째는 상대방이 선택하게 하는 것이다. 주변 사람에게서 어떤 충고를 받았을 때 가장 듣고 싶지 않은 것은 일방적으로 밀어붙이거나 자신에게 말할 기회를 주지 않는 충고다. 일방적인 충고에는 어크날리지먼트가 없다. 상대를 배려하거나 존중한다는 마음보다는 가르치고 싶고 자신의 지식을 자랑하고 싶은 마음이 앞서서 어드바이스를 하는 자신의 욕구 충족 행위에 불과한 경우가 많다. 이런 경우 상대방은 겉으로는 수긍한다 하더라도 그 충고를 행동으로 옮기지는 않는다. 따라서 충고를 할 때에는 상대방에게 선택권을 주어야 한다.

나는 이렇게 생각하는데 당신은 어떠한가? 그것에 대해서 노(No)

라고 답해도 상관없다. 그럴 권리가 상대에게 있다는 사실을 분명히 인지하고 충고하면 되는 것이다. 어크날리지먼트는 상대에게 선택권을 부여하며 상대의 판단을 최우선으로 하고 있기 때문에 상대에 대한 인정과 존중이 깃들어 있다.

세번째는 답을 제시하지 말고 상대의 의견을 구하는 것이다. 상대의 의견을 구할 때, 의식적이든 무의식적이든 우리는 일정한 답을 암시하며 상대가 그 암시를 받아들이도록 압력을 가하는 경우가 있다. 이런 경우 상대방은 분명 강요를 받고 있음을 느끼고 고민하게 된다. 상대를 인정하기 위해서는 무의식적인 암시조차도 보일 수 없는 마음가짐으로 상대에게 접근해야 한다. 그래야 상대방도 안심하고 자신의 의견을 말함으로써 인간적인 신뢰와 안도감을 갖게 된다.

네번째는 화를 내지 않고 질책을 하는 것이다. 칭찬을 하는 것과 반대로 질책을 해야 할 경우가 있다. 이때 감정적으로 화가 난 상태에서 상대방을 꾸짖게 되면 상대방의 입장을 무시하는 결과로 받아들여진다. 분명 상대방은 자신의 존재가 무시당했다는 절망감과 분노를 느끼게 될 것이다. 화를 낸다는 것은 그만큼 위험하다. 상대방의 체면이 손상되었을 경우 잘못의 근본적인 시정은 이루어지지 않고 오직 감정적인 적개심만 쌓여갈 뿐이다.

다섯번째는 상대의 말을 반복하는 것이다. 상대가 말을 할 때 그 사람이 하는 말을 반복하는 것은 상대로 하여금 자신의 의견이 인정받고, 자신의 존재가 승인 받는다는 의미로 받아들여진다. 만일 상대의 말이 틀린 경우라도 일단 끝까지 들어주어야 한다. 말을 충분히 듣지 않은 상태에서 상대방의 의견에 대한 잘못을 지적하게 되면 상대방은 무시당한 느낌을 갖게 된다. 반면 상대의 말이 옳을 경우에는 맞장구를 치되 나의 의지를 담아 주어야 한다. 그럴 때 상대방은 더욱 고무되어 자신이 충분히 인정받고 있다는 안도와 감격의 감정을 갖게 된다.

어크날리지먼트는 사람에 따라 어떤 사람은 기분 좋게 느끼는 어크날리지먼트가 다른 사람에게는 그렇지 않을 수도 있다. 그렇기 때문에 어크날리지먼트를 할 때는 상대방이 어떤 성향의 사람인지를 잘 파악하여 적어도 저항을 이끌어 내는 접근방식은 피하도록 해야 한다.

마지막으로 사람에 따라 칭찬하는 방법도 다르다. 코칭에서는 사고의 패턴과 외부 세계의 관련 방식에 근거해 사람을 크게 네 가지 유형으로 나누고 있다. 사람이나 사물을 지배하는 컨트롤러형, 사람이나 사물을 촉진하는 프로모터형, 전체를 지지하는 서포터형, 분석이나 전략을 세우는 애널라이저형이다.

우선 컨트롤러형은 야심만만한 행동파로 자신이 생각한 대로 일을 진행하는 것을 좋아한다. 과정보다는 결과를 중시하고 위험을 두려워하지 않고 목표 달성을 위해 매진한다. 결단력이 있고 표현방법도 단도직입적이다. 진행속도가 빠르고 자신의 속도에 상대를 맞추려고 한다. 자신의 약한 모습을 타인에게 보이는 일이 거의 없고 감정을 표현하는데도 서툴다. 의리나 인정은 매우 두텁고 다른 사람이 의지해 오면 거절하지 못하는 점도 있다. 이러한 사람에게는 그가 속한 팀 전체를 칭찬하고 목표를 달성한 순간에 자연스럽게 칭찬하는 것이 좋다.

프로모터형은 자신의 독창적인 아이디어를 소중히 여기고, 타인과 활동성 있는 일을 함께 즐기는 것을 좋아한다. 맺고 끊는 것이 확실하고 또 능숙하기도 하다. 매사에 자발적이고 에너지가 넘치며 호기심도 강하고 즐거운 인생을 꿈꾸고 지향하기 때문에 대부분의 사람들이 그를 좋아한다. 이러한 사람에게는 대부분 순수한 사람이 많으므로 감탄사를 붙여서 아낌없이 칭찬하는 것이 좋다. 또 이상적인 자기 이미지를 가지고 있으므로 부정적인 메시지는 전달하지 않는 것이 좋다.

서포터형은 타인을 돕는 것을 좋아하고 협력관계를 소중하게 여긴다. 주위 사람의 기분에 민감하고 배려도 잘 하는 편이다. 일반적으로 사람을 좋아하고 자신의 감정은 억제하는 편이며 자신이 내놓는 제안이나 요구에 대해 소극적이다. 또한 사람에게 인정받고 싶다는 욕구가 강한 것이 특징이다. 이런 사람에게는 자신이 쏟은 노력을 상대방이 인정해주기를 무의식적으로 기대하므로 빈번하게 메시지를 표현하는 것이 좋다.

애널라이저형은 말할 때 신중하게 단어를 선택한다. 프로모터형처럼 생각에 앞서 먼저 입을 여는 일이 없고, 생각을 잘 모으고 정리하여 결론을 이끌어 낸다. 게다가 질문을 받으면 그 자리에서 바로 대답하지 않기 때문에 다소 반응이 더딘 편이다. 감정표현도 주로 객관적인 표현을 사용한다. 차분히 생각하고 있는 경우가 많아서 대개 표정은 차갑고 때로는 의식이 깨어 있는 사람으로 보이기도 한다. 이런 사람에게는 구체적으로 칭찬하는 것이 좋다.

이처럼 상대를 인정해주고 칭찬해주는 것은 인간관계에 있어 매우 중요한 요소 중 하나다. 고래도 춤을 추게 한다는 칭찬도 요령껏 하는 것이 중요하지만 상대방의 칭찬을 잘 받아들이는 것도 중요하다.

상대방에게 호감을 주는 것은 아주 사소한 일이다. 사람들은 작고 사소한 일에서 감동과 기쁨을 느끼기 때문이다. 어크날리지먼트는 우리가 살아가는데 있어 가장 중요하고도 핵심적인 부분이다. 그러나 이러한 것을 발휘 하는데도 상대에 대한 관심과 관찰이 없다면 할 수 없는 일이라는 것을 반드시 기억하길 바란다.

나이가 든다는 것의 장점은 사람을 대하는 넉넉함과 여유가 있다는 것이다. 인생을 마주한 경험과 노하우 때문이다. 타인에게 존중 받고 존경 받는 사람들의 공통점을 살펴보면 그들은 한결 같이 상대방의 말에 경청하고, 상대를 인정하고 격려하는 노하우를 갖고 있다.

벼는 익을수록 고개를 숙이는 법이다. 노파심에 무언가를 설명하려 하거나 설득하려 하지 마라. 오히려 역효과를 가져올 수 있다. 진정한 카리스마는 조용한 자신감에 있다. 적절한 순간에 결정적 한 마디로 상대방의 마음을 움직일 수 있는 것, 그것이 바로 어크날리지먼트의 힘이다.

PART
02

Break

불행은 시비조로 찾아온 행운의 다른 모습이고
슬픔은 기쁨이 시작되기 전에 깔리는 전주곡이다
침통해 하거나 우울해 할 시간이 없다
축하하고 즐길 시간도 부족한게 인생이다

09

우울할 때는 다크초콜릿

영화 「찰리와 초콜릿 공장」에서 윌리 윙커 주인공 역을 맡은 조니뎁은 초콜릿은 사랑받는다는 느낌을 주고 엔도르핀을 분비하게 해준다고 말한다. 사실 초콜릿은 꽃과 함께 숙녀가 신사에게서 받을 수 있는 적절한 선물이기도 하다.

   초콜릿은 주로 음식의 디저트로도 활용되는데 세계 각 국가의 기호에 따라 초콜릿을 좋아하는 기호도 매우 다르다. 프랑스 사람들은 다크 초콜릿을 너무 좋아해서 카카오 함유율이 높은 쓴맛의 초콜릿이 가장 품질이 좋은 것이라고 착각하는 경우도 있다. 그러나 프랑스의 밀크 초콜릿도 각 나라의 기호에 맞게 만들어져 시장 점유률에서 우위를 차지하고 있다. 스위스는 초콜릿에 우유를 많이 섞는 전통적 방법을 고수하고 있고, 벨기에는 크림을 풍부하게 섞어서 더 잘 녹게 한다. 당과류를 애호하는 영국 사람들은 캐러멜 향을 약간 섞는 것을 좋아한다.

초콜릿에는 와인처럼 감각적인 의미가 담겨 있고, 많은 단어와 관련이 있다. 또한 맛보는 기쁨을 한층 높이기 위해서 미식가들은 초콜릿과 다른 성분을 배합시키는 것을 원한다. 그리고 향이 첨가된 술이나 뜨거운 커피에 곁들이는 초콜릿은 입 안에서 미각을 사로잡아 매혹적인 맛의 미학을 추구한다.

특히 술이 들어있는 초콜릿은 유럽에서 크게 발전했다. 초콜릿 안에 술의 향을 보존하면서 술 성분을 집어넣는 것은 조제만큼이나 고난이도의 기술에 해당한다. 버찌나 버찌 술이 들어간 초콜릿이 매우 유명하다. 주로 초콜릿 제조에 사용되는 술은 위스키, 코냑, 아르마냑, 고급 샴페인 등 종류가 매우 다양하다. 숙성된 럼이 종종 쓴 가나슈 초콜릿 크림과 포도와 배합되기도 하지만, 역시 브랜디와 샤르트뢰즈 같은 식물성 술이 가장 많이 사용된다.

초콜릿(chocolate)은 카카오 콩을 재료로 가공해서 만든 식품이다. 숙성한 카카오 콩을 볶은뒤 이를 갈아서 만든 카카오 매스와 지방 성분만으로 만들어진 코코아 버터를 혼합하여 만드는데 설탕 등의 다른 재료를 더 넣어서 만들기도 한다. 카카오 매스의 함량에 따라 다크 초콜릿, 밀크 초콜릿, 화이트 초콜릿으로 구분한다.

다크 초콜릿은 우유가 함유되지 않는 초콜릿을 말한다. 설탕, 코코아 버터, 카카오 매스, 때때로 바닐라(향)을 첨가하여 만든다. 밀크 초콜릿은 설탕, 코코아 버터, 카카오 매스, 우유나 분유, 바닐라(향)을 첨가하여 만든다. 화이트 초콜릿은 설탕, 코코아 버터, 우유나 분유, 바닐라(향) 이외 첨가물로 대두 레시틴(유화제)이 들어가기도 한다. 급이 낮은 초콜릿은 코코아 버터 대신 팜유, 대두유(콩기름), 코코넛유 등의 식물성 유지를 첨가하는 경우가 있다.

기본적으로 초콜릿은 본래 굉장히 쓴맛을 낸다. 하지만, 시중에 유통되는 초콜릿 제품의 대부분은 소비자의 기호에 맞추어 우유, 설탕, 물엿 등을 첨가하여 달콤한 맛이 난다. 초콜릿에 첨가된 카카오의 비율(%)을 표시한 최근의 제품들 중 50% 정도의 함량까지는 무난한 맛이지만 99% 함량의 제품은 일반적인 초콜릿과 달리 쓴맛이 난다.

다크 초콜릿에는 항산화 작용을 하는 폴리페놀, 플라보노이드가 풍부한데 그 양은 적포도주, 녹차, 홍차 등에 있는 것보다 많다. 이러한 다크 초콜릿이 혈압을 떨어뜨리는 이유가 최근 과학적으로 밝혀졌다. 스웨덴 린쾨핑 대학의 잉그리드 페르손 박사는 다크 초콜릿이 체내에서 혈압을 올리는 것으로 알려진 안지오텐신전환효소(ACE)를 억제한다는 사실이 확인되었다고 전한다.

페르손 박사가 25~45세의 건강한 남녀 16명을 대상으로 실시한 실험 결과 다크 초콜릿을 먹으면 ACE의 혈중수치가 감소하면서 혈압이 서서히 내려간다는 사실이다. 페르손 박사는 이들에게 먼저 2주 동안 모든 약물 복용을 금지하고 특히 마지막 이틀 동안은 초콜릿이나 초콜릿과 비슷한 성분이 함유된 딸기, 과일, 커피, 홍차, 포도주 등을 먹지 못하게 한 뒤 코코아 72%가 함유된 다크 초콜릿 75g

을 먹게 했다. 연구팀은 초콜릿을 먹기 전과 먹은 뒤 1, 2, 3시간이 각각 지난 상태에서 혈액샘플을 채취해 ACE수치를 측정했다. 초콜릿을 먹은 후 3시간이 지나자 ACE수치가 먹기 전보다 평균 18% 떨어지면서 서서히 혈압이 떨어지기 시작했다. 이러한 효과는 현재 고혈압의 1차 치료제로 쓰이고 있는 ACE억제제와 같은 수준이라고 말한다.

그러나 '초콜릿을 많이 먹으면 충치가 생긴다. 살이 찐다. 초콜릿이 심혈관 질병 예방에 도움이 된다. 우울증 개선이나 감기 예방에도 효과가 있다.' 등 초콜릿의 효과에 대해 그 의견이 분분하다. 가톨릭대학교 식품영양학과 김혜경 교수는 초콜릿과 건강에 대해 이렇게 조언한다. 초콜릿이 건강에 미치는 영향을 알기 위해서는 우선 초콜릿의 주요 성분을 알아야 한다.

초콜릿의 주요 원료는 열대지방의 나무열매인 코코아 콩을 발효하고 볶은 후 갈아 만든 코코아 매스(고체 덩어리) 또는 리커(액체)다. 여기에 설탕, 코코아버터, 탈지분유 혹은 전지분유 등의 우유 고형물 등을 적당 비율로 섞어 만들며 소량의 바닐라 향료와 유화제가 첨가된다. 코코아 매스가 매우 쓴 맛을 갖고 있기 때문에 여기에 약간의 설탕과 코코아 버터를 넣어 만든 것이 다크 초콜릿이고, 설탕을 더 많이 넣어 만든 것이 스위트 초콜릿이다. 흔히 먹는 밀크 초콜릿은 여기에 분유를 섞어 만든다. 화이트 초콜릿은 코코아버터, 설탕, 분유가 주성분이고, 코코아 매스나 코코아 분말 같은 코코아 고형물이 들어가지 않는다.

김 교수는 초콜릿의 맛 뿐만 아니라 영양도 어떤 원료를 배합하느냐에 따라 크게 달라져 일률적으로 열량과 영양정보를 제시할 수는 없다고 설명한다. 그러나 초콜릿을 적당히 먹으면 건강에 이롭다는 말은 코코아 때문이다. 초콜릿의 주성분인 코코아에는 플라보이드, 카테킨, 에피카테킨 등 통상 폴리페놀이라 부르는 항산화 성분이 풍부하게 들어있다.

폴리페놀은 동맥경화나 당뇨병, 암 등을 일으키는 활성산소를 제거해주며 동맥경화나 협심증 같은 심혈관계 질환을 예방하는 효과가 있다. 또한 노화예방에도 효과가 있는 것으로 보고되고 있다. 폴리페놀 성분에 포함돼 있는 플라보노이드는 면역을 향상시키는 기능이 있어 감기 예방에도 좋은 것으로 알려지고 있다.

우울할 때 초콜릿을 먹으면 기분 전환이 된다는 말이 있다. 코코아 속에는 테오브로민과 페닐에틸아민 같은 알칼로이드 성분이 미량 들어 있는 것으로 보고되고 있다. 이 성분은 뇌에서 세로토닌 분비량을 증가시킨다. 우울증이나 월경전증후군을 앓는 여성들은 흔히 세로토닌 수준이 낮아지기 때문에 초콜릿이 기분전환에 도움이 되는 것으로 볼 수 있다.

그러나 초콜릿에 대한 오해도 있다. 대표적인 것이 달기 때문에 충치를 많이 유발할 것이라는 생각이다. 그러나 실제 충치 유발은 당의 함량도 중요하지만 치아에 달라붙는 점착도가 큰 영향을 준다.

그러나 초콜릿은 지방이 많아 입에서 부드럽게 녹기 때문에 생각하는 것만큼 충치 유발지수가 높지 않다고 한다. 밀크 초콜릿의 경우 충치 유발지수는 귤과 비슷한 수준이며 비스킷, 딸기잼, 젤리 보다 충치를 유발할 확률이 낮다.

또한 초콜릿에 지방이 많이 함유되어 있어 심혈관계 질환에 나쁜 영향을 줄 것으로 생각하지만 코코아의 지방을 이루는 지방산은 스테아르산으로 다른 포화지방산과 달리 혈중 콜레스테롤을 높이지 않는다. 달기 때문에 당뇨병 환자가 먹으면 병을 악화시킬 것이라고 우려하기도 한다. 그러나 당뇨의 중요한 것은 혈당을 얼마나 빨리 올리는가를 나타내는 혈당지수다. 코코아 자체는 혈당지수가 높지 않기 때문에 오히려 당뇨 예방에 좋다는 평가가 있다. 그러나 과유불급, 오히려 많이 먹으면 독이 될 수 있다. 많은 이들이 염려하는 것처럼 초콜릿은 지방과 당의 함량이 높기 때문에 많이 먹으면 비만을 일으킨다. 건강에 좋은 다크 초콜릿이라도 지방과 당이 많이 들어있어 섭취열량을 과도하지 않게 조절할 필요가 있다.

김 교수는 이탈리아에서 진행된 연구결과에 대하여 심혈관계 질환을 예방할 수 있는 정도의 양은 3일마다 다크 초콜릿 20g 정도를 섭취하는 것이 적당하고, 그 이상 먹어도 더 많은 효과를 기대하기는 힘들다고 지적했다.

무엇보다 다크 초콜릿은 코코아의 고형물이 많이 함유되어 있어 건강효과를 기대할 수 있지만 분유를 넣은 밀크 초콜릿, 코코아 고형물이 전혀 함유되지 않은 화이트 초콜릿, 코코아 버터 대신 값싼 가공유지를 넣은 저급한 초콜릿에서는 건강 효과를 기대할 수 없다는 것을 염두에 두면 좋을 것 같다.

스위스 밀크 초콜릿이 사랑 받는 이유는 스위스 알프스 초원의 젖소와 우유를 농축해 내는 로스팅 기술에 있다. 밀크 초콜릿은 스위스 브베의 다니엘 피터가 농축 우유를 초콜릿에 넣는 시도를 하면서 최초로 탄생하게 되었다. 스위스에 여행을 간다면 초콜릿과 관련된 일정을 짜보는 것도 의미가 있을 것이다.

스위스 초콜릿 열차 루트는 재즈페스티벌로 유명한 몽트뢰에서 출발해 그뤼에르를 거쳐 네슬레 초콜릿 공장이 있는 브룩으로 이어지는 여행을 하게 된다. 초콜릿 열차가 가는 길목마다 아름다움에 빠지게 될 것이다. 스위스 초콜릿 열차는 골든패스 서비스와 카이에-네슬레사의 합작품이다. 티켓에는 열차 안에서 먹을 수 있는 커피와 크로와상 무료 제공, 그뤼에르 기차역 도착 후 출발 버스 이용, 그뤼에르 성 방문, 그뤼에르 치즈공장 방문, 영화상영, 공장 견학 및 네슬레 초콜릿 공장에서 초콜렛 시식 등의 서비스가 제공된다.

10
드라마 주인공처럼 마티니를 주문하자

내가 칵테일을 처음 알게 된 건 어린시절 부모님이 가끔 즐겨 드셨던 진토닉과 위스키 정도였고, 그 이후에는 톰크루즈와 엘리자베스 슈가 열연했던 「칵테일」이라는 영화에서였다. 사실 칵테일이라고 하면 뭔가 어렵고 복잡한 것 같지만 그 정의적 접근이나 몇 가지 기주만 알고 있으면 훨씬 이해도가 빠른 것이 바로 칵테일이다.

칵테일(Cocktail)은 일반적으로 여러 종류의 술을 기주(base, 基酒)로 하여 고미제(苦味劑), 설탕, 향료 등을 혼합하여 만든 일종의 혼합주이다.

칵테일은 기주와 부재료로 구분되는데, 기주란 주재료를 말하며 주로 알코올 성분이 높은 증류주가 사용된다. 부재료는 탄산음료, 주스, 계란, 크림, 리큐르 등이 있다.

칵테일은 각 개인 취향이나 기호에 따라 술과 술을 혼합하기도 하고, 청량음료나 과일즙, 각종 향미를 혼합하여 맛과 향을 음미할 수 있는 장점을 가지고 있다.

칵테일은 마시는 사람의 기호와 취향에 맞추어 두 가지 이상의 재료를 혼합하여 독특한 맛과 빛깔을 내고 알코올 도수를 낮춘 알코올 음료로 술의 예술품이라고 할 수 있다.

알코올을 전혀 섞지 않은 청량음료, 과일즙, 주스 등을 섞어 마시는 것도 일종의 칵테일이라고 말할 수 있다. 술을 잘 못하는 여성의 경우 분위기 있게 연출하며 맛과 향을 즐길 수 있는 음료로 손색이 없다.

마시는 때와 장소에 따라 칵테일은 애피타이저 칵테일, 크랩 칵테일, 비포 디너 칵테일, 애프터 디너 칵테일, 서퍼 칵테일, 샴페인 칵테일로 나눌 수 있다.

애피타이저 칵테일에서 애피타이저란 식욕증진이라는 뜻이며 식사 전에 한두 잔 마시는 칵테일이다. 단맛과 쓴맛이 각각 나도록 만드는데 단맛을 내기 위해서는 체리를 사용하고 쓴맛을 내기 위해서는 올리브를 장식한다. 어느 것이나 술과 같이 해도 상관없다.

크랩 칵테일은 정찬의 오르되브르(식욕을 돋우기 위해 대접하는 소품 음식) 또는 수프 대신 내놓는 것으로 마시는 칵테일이다. 신선한 어패류와 채소에 칵테일 소스(브랜디, 비터스, 토마토 캐첩을 섞은 것)를 얹은 것으로 샴페인 글래스 등에 담아낸다.

비포 디너 칵테일은 식사 전의 칵테일로 상쾌한 맛을 내는데 마르티니 미디엄 칵테일, 맨해튼 미디엄 칵테일 등이 있다.

애프터 디너 칵테일은 식후의 칵테일로 먹은 음식물의 소화를 촉진시키는 리큐르를 쓴다. 브랜디 칵테일, 알렉산더 칵테일 등 단맛이 나는 것이 많다.

서퍼 칵테일은 만찬 때 마시는 것으로 일명 비포 미드나잇 칵테일이라고도 하며 단맛이 나는 양주를 쓴다.

샴페인 칵테일은 연회석상에 내는 칵테일로 낱낱이 글래스마다 만들어져 제공된다. 그러나 여러 종류의 양주를 배합해야 할 경우에는 한번에 큰 셰이커에서 흔들어 만든 다음 글래스에 따르고 샴페인을 넣어 샴페인 글래스로 마신다.

칵테일의 종류는 무수히 많다. 만드는 방법과 재료를 섞는 비율이 같아도 베이스나 부재료를 바꾸면 또 다른 칵테일이 탄생된다. 사용된 베이스 또는 주재료로 쓰이는 과일, 향미에 따라 칵테일의 이름이 생성되기도 한다. 칵테일 마니아가 아니더라도 바(Bar)의 칵테일 리스트에서 한번쯤 보았을 법한 알고 즐기면 더욱 좋은 몇 가지 칵테일을 살펴보도록 한다.

맨해튼(Manhattan)은 칵테일의 왕을 '마티니'라고 한다면 칵테일의 여왕이라고 할 수 있다. 19세기 중반부터 세계인이 즐겨온 칵테일로 미국 제19대 대통령 선거 당시 처칠 수상의 어머니인 제니 제롬 여사가 민주당 틸덴 후보의 응원 연설 때 클럽에서 만든 것으로 유명하다. 미국인이었던 제니 제롬 여사는 자신이 지지하는 대통령 후보를 위해 맨해튼 섬에서 파티를 열었는데 그때 그녀가 내놓은 칵테일이 바로 맨해튼이었다.

바카디(Bacardi)는 미국의 금주법 폐지로 당시 쿠바에 있던 바카디 사가 럼의 판매 촉진용으로 발표한 칵테일이다. 뉴욕에서 어느 손님이 바텐더에게 바카디 칵테일을 주문했는데 바텐더가 다른 회사의 럼을 사용해 주조해 주자 그것을 보고 화가 난 손님이 바카디 칵테일에 바카디 럼을 사용하지 않았다고 고소를 한 것이다. 그 결과 뉴욕 최고 재판소에서 '바카디 칵테일은 바카디 럼만을 사용해야 한다'라는 판결이 난 것으로 유명해졌다. 이름 그대로 바카디 럼을 사용한다.

섹스 온 더 비치(Sex on the Beach)는 톰크루즈가 주연한 영화 「칵테일」로 일약 유명해진 칵테일이다. '해변의 정사'란 뜻을 가진 이 칵테일은 트로피컬 칵테일로 열대과일을 이용하여 가볍고 달콤하게 즐길 수 있는 칵테일이다. 색이 화려하고 맛도 달콤해서 여성들에게 인기가 높다.

코스모폴리탄(Cosmopolitan)은 '세계인' '국제인' '범세계주의자' 등의 세계적인 의미를 지녔다. 희미한 핑크색의 그라데이션이 매우 도시적이며 뉴욕 여성들에게 특히 인기 있는 칵테일이다. 미국 인기 드라마 「섹스 앤더 시티」의 여주인공 캐리가 즐겨 마시던 칵테일 중 하나로 요즘 들어 다시 유행하고 있는 모던 스타일의 칵테일이다. 시트러스 보드카를 사용해 일반 보드카보다 풍미를 좀 더 풍부하게 만드는 방법도 있다.

키스 오브 파이어(Kiss of Fire)는 일본 바텐더 경연대회에서 1위에 입상한 칵테일로 이시오가 켄지가 만든 작품이다. 당시 일본에서 유행하고 있던 '키스 오브 파이어'라는 노래의 제목이기도 하다. 칵테일의 맛과 느낌은 이름처럼 '불타는 키스'로 첫 느낌의 달콤함과 붉은색에 감춰져 있는 쓴맛, 새콤달콤한 슬로진과 베르무트의 조화로 개성이 돋보이는 칵테일이다. 마치 연애를 시작하는 연인들의 정열적이고 달콤한 사랑을 표현하였다.

데킬라 선라이즈(Tequila Sunrise)는 데킬라와 오렌지 주스에 석류 시럽의 비중을 이용해 일출의 정경을 아름답게 표현했다. 이름뿐만 아니라 맛도 데킬라의 독특한 개성을 부드럽게 살렸다. 일출과 같이 무언가에서 희망을 찾고 활력을 얻고 싶을 때 만들어 보면 좋을 것이다. 롤링 스톤즈 그룹의 믹재거가 멕시코 공연 때 이 칵테일에 반해 상당한 양을 마신 것으로 유명하다. 그 후 멜깁슨 주연의 영화 제목이 되기도 했고, 이글스의 2집 앨범에 수록되면서 한층 더 지명도가 높아졌다. 술이 약한 사람이라면 테킬라를 뺀 후 오렌지 주스와 석류 시럽만 넣고 대접해도 손색이 없다.

미모사(Mimosa)는 청조하고 가련한 미모사 꽃과 같이 싱싱하면서도 부드러운 칵테일이다. 글래스에 따랐을 때 색깔이 미모사 꽃과 비슷하다고 하여 '미모사'란 애칭으로 불리게 된 칵테일이다. 프랑스에서는 수백 년 전부터 샴페인 아 로랑주(오렌지 주스가 들어가 있는 샴페인)로 상류 계급에서 애용하였다. 오렌지 주스의 향기에 품위 있는 샴페인이 곁들여져 분위기를 한층 살려주는 음료다.

레드 아이(Red Eye)는 숙취로 빨갛게 된 눈과 칵테일 색에서 붙여진 이름으로 이 칵테일을 마시면 놀랍게도 충혈되었던 눈이 정상으로 돌아온다고 하여 '해장용 칵테일'이라고도 불린다. 맥주의 쌉쌀함과 토마토의 산뜻한 맛이 부드럽게 느껴지는 칵테일로 기본적인 조화는 1 : 1이지만 취향에 따라 비율을 조절할 수 있다. 조주법이 단순해 누구나 쉽게 만들 수 있는 칵테일이다. 맥주와 토마토 주스를 섞으면 된다.

블랙 러시안(Black Russian)은 달콤한 커피의 풍미가 특징인 칵테일이며 식후 음료로 매우 적합하다. 공산주의의 맹주였던 소련이 암흑의 세계로 철의 장벽으로 막혀있던 시절, 아무도 항거할 수 없었던 케이지비의 횡포에 저항하겠다는 의미가 담긴 칵테일이기도 하다. 블랙 러시안이라는 이름은 러시아를 대표하는 보드카를 사용한다는 것과 색이 검정색인 것에서 유래되었다. 커피 리큐어의 단맛이 독한 보드카를 부드럽게 하여 알코올 함량이 높은데도 불구하고 감칠맛이 좋은 인상적인 칵테일이다.

마르가리타(Mararita)는 애틋하고 슬픈 사연의 칵테일이다. 로스엔젤레스의 바텐더 존 듀레서가 고안한 것으로 사냥을 갔다가 총기오발 사고로 죽은 그의 젊은 연인의 이름을 붙여 만든 칵테일이라는 설이 있다. 마르가리타는 그 종류도 다양한데 특히 과일을 이용한 마르가리타가 많은 인기를 얻고 있다. 또 잘게 부순 얼음을 이용한 프로즌 마르가리타도 시원하게 즐길 수 있어 많은 사람들에게 사랑받고 있는 칵테일이다.

마이 타이(Mai-Tai)는 타이어로 최고란 뜻이다. 열대 과일이 조화를 잘 이룬 풍부한 향의 트로피컬 칵테일로 캘리포니아 오클랜드에 있는 폴리네시안 레스토랑인 '토레다 빅스'의 사장이 고안한 칵테일이다. 전 세계적으로 사랑 받으며 트로피컬 칵테일의 여왕이라 불리는 마이 타이는 장식의 화려함과 아름다운 빛깔이 칵테일을 마실 때의 즐거움을 배가 시킨다.

블루 하와이(Blue Hawaii)는 하와이 힐튼 호텔 바텐더가 개발한 것으로 사계절이 여름인 하와이 섬을 연상시키는 트로피컬 칵테일이다. 화이트 럼과 블루 큐라소가 하와이의 시원하게 트인 하늘과 푸른 바다를 생생하게 재현하고 있다. 눈으로 보는 시원함과 입에서 느껴지는 새콤달콤한 맛이 더욱 돋보이는 칵테일로 셰이커를 사용해도 좋고 블렌더를 사용한 프로즌 스타일로 시원하게 즐겨도 좋다. 블루 하와이는 단맛에 비해 상쾌한 맛이 강하다.

준 벅(Jun Bug)은 한국인이 가장 많이 마시는 칵테일 순위에 꼽힌다. TGI Friday에서 만들어져 전 세계적으로 인기를 얻은 칵테일이다. '6월의 벌레'라는 의미로 초록의 싱그러운 색깔이 그야말로 여름벌레를 연상시킨다. 벌들이 향기에 매료되어 꽃을 찾아다니듯, 여름날 초록의 상쾌한 색감 그리고 멜론과 코코넛의 달콤한 향기가 가득해 알코올조차 잘 느껴지지 않아 특히 여성들이 즐겨 마시는 칵테일 중 하나다.

피나콜라다(Pinacolada)는 스페인어로 '파인애플이 무성한 언덕'이라는 의미를 지니고 있다. 알코올 맛보다는 진한 코코넛 향과 파인애플 주스가 어우러져 여성들의 사랑을 한 몸에 받고 있는 트로피컬 칵테일 중 하나다. 시원함과 달콤함으로 상쾌한 기분을 내는데는 최고라고 할 수 있다.

핑크 레이디(Pink lady)는 런던의 한 극장에서 「핑크 레이디」라는 연극이 크게 히트하자 주연을 맡은 여주인공에게 바쳐진 것으로 색상이 아름다워 여성들에게 대단한 사랑을 받아 온 칵테일이다. 핑크 레이디가 처음 만들어졌을 때 드라이 진에 달걀 흰자와 석류 시럽만 넣고 만들었으나 지금은 미국식으로 라이트 크림을 더 첨가하여 만든다. 달걀 흰자와 석류 시럽의 단맛이 진의 쓴맛을 감소시키고 달걀 흰자가 목넘김을 부드럽게 한다. 이름 그대로 색깔이 아름답고 맛도 부드러워 여성들이 매우 좋아한다.

깔루아 커피(Kahlua Coffee)는 첨가하는 우유나 코코아, 바닐라 등에 따라 다른 맛을 내기 때문에 특히 젊은 층이 매우 좋아하는 음료다. 깔루아 커피는 세계적으로 굉장히 유명한 술인 깔루아가 첨가된 커피로, 깔루아 맛의 비결과 재료는 아직도 비밀에 부쳐질 만큼 신비로운 술이라 할 수 있다. 깔루아는 멕시코산 아라비카 원두와 사탕수수에서 얻어지는 스피릿과 바닐라 등 방향 성분을 첨가하여 만든 리큐어 제품이다.

이처럼 칵테일은 알코올을 첨가하거나 첨가하지 않아도 마실 수 있는 음료이므로 여러 사람들과 함께 어울리거나 혹은 가까운 지인들과 함께 했을 때 웃으며 즐길 수 있다. 특히 알코올에 약하거나 맥주의 경우 화장실에 자주 가야 한다는 불편함을 고려한다면 칵테일로 대신 분위기를 맞춰줄 수 있는 하나의 센스를 발휘해 보는 것도 좋을 것 같다.

드라마 남자 주인공들은 바에 앉으면서 항상 마티니를 주문한다. 그리고 '한잔 더'를 꼭 외쳐준다. 그래서일까 처음 주문해서 마셔본 칵테일도 마티니로 기억된다. 여기서 잠깐, 왜 남성들은 마티니를 좋아하는 것일까. 칵테일의 왕이라 불리는 마티니는 마티니, 드라이 마티니, 엑스트라 마티니로 구분하는데 드라이진의 배합률이 낮은 것은 수영복을 입은 여인에 비유하는 마티니가 되고, 드라이진의 배합율이 높은 것은 수영복을 벗어던진 누드의 여인으로 비유하는 엑스트라 마티니가 된다. 마티니바에는 "내 여자 주시오"라며 늘 엑스트라 마티니를 찾는 단골고객들이 있다고 하니 남성들이 마티니를 좋아하는 이유는 아마도 여성과 칵테일을 사랑하기 때문인 것 같다. 특히 새초롬하게 올라와 있는 마티니의 장식은 올리브나 레몬 껍질이 쓰이는데 두 가지 모두 칵테일에 향을 주고 약간의 맛의 변화를 주는 역할을 한다.

11
맥주처럼 '톡' 소리나는 인생

하루 일과를 마치고 집으로 직행하기 조금은 서운하고 섭섭한 날, "맥주 한잔 어때"라는 말은 매우 솔깃하다. 치킨에 맥주를 마시거나 골뱅이 안주에 마시거나 여하튼 맥주는 반갑다. 직장인들의 하루 일과를 마무리 하는 일, 애환은 맥주로 달랜다. 퇴근 후 동료들과 함께 마시는 맥주는 하루의 피곤과 짜증을 단숨에 날려버린다. 공장 얘기, 상사 뒷담화 등 풀어 놓을 주제들이 한 보따리하고도 모자를 정도다. 일상 생활에서 자주 접하게 되는 맥주를 제대로 즐기기 위해서는 맥주에 관한 약간의 정보와 지식이 필요하다. 알고 마시면 더욱 맛 좋은 것이 바로 맥주다.

맥주는 보리와 홉이 주원료이며 쌀과 옥수수 녹말 등을 보충원료로 사용한다. 원료들의 비율은 그 나라 지역의 사정 및 주민들의 기호에 따라 다르다. 대체로 두줄보리가 쓰이나 여섯줄보리로 양조하기도 한다. 두줄보리는 알맹이가 크고 고르며 곡피가 얇아 맥주양조에 적당하다. 맥주용 보리의 품질은 낟알의 크기와 녹말 함량으로 결정한다. 낟알은 대립(大粒)일수록 좋으며, 1번맥(크기 2.5mm이상)이 90% 이상 들어 있는 것이 맥주용 보리로 적합하다. 녹말 함량은 높을수록 좋고 단백질은 가급적 낮아야 하는데 그 한도는 10% 정도이며 단백질 함량이 높으면 맥주의 품질이 떨어진다.

홉은 맥주의 중요한 첨가물로 맥주 특유의 향기와 쌉쌀한 맛을 낸다. 단백질의 혼탁을 방지하고 맥주의 저장성을 높여주는 작용도 한다. 한국에서는 북한의 고원지대가 홉의 재배에 적당하지만 근래에는 강원도 산간지방에서도 재배가 이루어져 자급단계에 이르고 있다.

일반적으로 맥주 생산량은 10~20배의 물이 필요하다. 양조용수는 맥주의 종류 및 품질을 좌우하는 직접적 요인으로 무색 · 무취 · 투명해야 하며 함유 염류나 미량 원소들의 조성 또한 매우 중요하다. 맥주의 성분은 수분 87~92%, 알코올 3~5%, 엑기스분 5~8%, 탄산 가스 0.2~0.4% 등이며 비타민도 함유되어 있다. 맥주는 물의 특성, 맥아의 종류, 양조방법, 효모의 종류 등에 의해 차이가 난다.

18세기 런던의 양조업자들이 생산하기 시작한 포터(porter)는 맥아 추출물의 혼합으로 만든 맥주로써 강한 맛과 검은색 · 강홉성이 특징이다. 버튼어폰트렌트의 양조업자들은 그 지역의 샘물과 코크스 가마에서 구운 담색 맥아로 페일 에일(pale ale : 또는 best bitter)을 제조했다. 페일 에일은 포터보다 알코올 도수가 낮고, 덜 쓰며, 색이 엷고

선명하다. 마일드 에일(mild ale)은 페일 에일보다 순하고 단맛을 더 내는데 짙은 색깔은 구운 보리나 캐러멜을 첨가해 얻는다. 스타우트(stout)는 마일드 에일의 알코올 도수를 높게 한 것으로 유당을 첨가한 밀크 스타우트가 있다. 발효 라거는 유럽 전역에서 생산되는데 체코의 플제니에서 단물로 만드는 필스너 맥주(Pilsner beer)는 홉 첨가량이 높고 쌉쌀한 맛을 지닌 담색 라거이다. 도르트문트(Dortmunder)는 독일에서 생산되는 담색 라거이고 홉을 적게 첨가한 뮌헨 맥주(Munchen bier)는 높은 알코올 도수에 약한 단맛을 지닌 농색 맥주이다. 복(Bock)은 알코올 도수가 높은 뮌헨식 맥주로 겨울에 주로 생산된다. 독일의 라거는 거의 보리 맥아로 양조되나 바이스비어(Weissbier : 흰 맥주)같이 특별한 종류는 밀의 싹으로 만든다. 덴마크나 네덜란드 등에서도 다른 곡류를 이용해 라거 맥주를 생산한다. 20세기에 들어서 원산지 · 원료 · 양조방법 등에 의한 전통적인 분류방법이 깨지고 있다.

 맥주의 본고장답게 독일에는 '맥주 6병은 밥 한끼다. 7병째부터가 술로 마시는 것이다'라는 속담이 있다. 그만큼 맥주를 사랑하고 영양가도 높다는 얘기다. 맥주에는 비타민, 미네랄이 비교적 풍부하게 함유되어 있고 미량이지만 소화하기 쉬운 단백질을 함유하고 있어 식품으로도 매우 이상적인 음료라 할 수 있다.

 100ml당 40kal 열량이 있어 에너지원도 되지만 이 칼로리의 대부분은 알코올에서 유래된 것으로 빵이나 쌀 등의 탄수화물 칼로리와

는 달리 혈액순환을 촉진시키거나 체온 상승 등에 소비되기 때문에 지방이 되어 체내에 축적되는 일은 거의 없다. 또한 적당한 알코올은 이뇨 작용을 촉진시켜 더운 여름철에 대표적인 질환인 요로결석 예방에도 큰 도움이 된다. 특히 홉의 상쾌한 쓴맛은 소화를 돕고 식욕 증진에 효과가 있고 홉의 진정 효과는 숙면에 도움을 준다고 한다. 그러나 '과유불급'이란 말처럼 무엇이든 지나치면 모자라니만 못한 법이니 과음은 삼가 해야 한다.

아일랜드는 연간 1인당 맥주 소비량이 체코에 이어 2위를 기록하고 있다. 아일랜드를 대표하는 맥주는 상면발효 맥주의 하나인 스타우트(Stout)다. 몰트와 볶은 보리를 사용하기 때문에 진한 초콜릿 색깔이 나고 벨벳과 같이 부드럽고 미세한 거품과 함께 커피 맛이 나는 것이 특징이다. 아일랜드의 스타우트는 드라이(달지 않은)한 맛의 스타우트에 속한다. 드라이 스타우트는 기네스 회사에 의해 대중화된 맥주로 유명하다.

기네스 맥주 회사인 기네스 맥주는 아일랜드의 상징이자 대명사격인 맥주다. 기네스 맥주 회사는 다국적 주류 회사인 디아지오에 속한다. 게네스의 스타우트는 스타우트 맥주 가운데 단맛이 약한 '드라이 스타우트'에 속하여 이산화탄소와 질소의 혼합가스를 주입하여 상품화 한다. 기네스 맥주는 검은 빛깔로 보이지만 공식적으로는 매우 진한 루비 색깔이다.

기네스 드래프트(생맥주)에는 '위젯'이라는 기네스 회사의 독특한 발명품이 들어 있다. 작은 플라스틱 볼의 일종인 위젯은 기네스 병, 캔 맥주의 맛을 케그(알루미늄 맥주통)에서 나오는 기네스의 맛과 가깝도록 만들기 위한 장치다. 위젯의 원리는 간단하다.

맥주를 병이나 캔에 담을 때 압력을 이용해 플라스틱 볼의 작은 구멍에 소량의 맥주를 들어가게 만들어 맥주 병이나 캔의 뚜껑을 열면 압력이 낮아져 위젯 안에 들어가 있는 맥주가 갑자기 분수처럼 나와 부드러운 거품을 만드는 것이다. 기네스 맥주를 다 따르고 난 후 병이나 캔을 흔들어 보면 딸랑딸랑하는 소리를 들을 수 있는데 그게 바로 위젯이다.

독일 맥주의 가장 큰 특징은 '맥주순수령'에서 찾을 수 있다. 독일은 16세기 초반 공포된 맥주순수령에 따라 맥주를 만들 때 맥주의 원료인 보리몰트, 홉, 물, 효모 이외의 재료를 사용하지 않는다. 해외 시장에서의 경쟁을 하기 위해 법이 완화되었지만 맥주순수령 덕분에 질 높은 독일 맥주가 만들어졌다. 독일은 체코, 아일랜드에 이어 연간 개인 맥주 소비량 3위의 맥주 대국이다. 다른 나라보다 지역 맥주양조장이 많은것도 독일 맥주문화의 또 다른 특징이다. 현재 독일 전역에는 1,300여 개의 양조장이 있으며, 그 가운데 절반 정도가 '맥주의 고향' 뮌헨이 속한 바이에른 지역에 있다.

독일 맥주는 다양한 스타일이 있다. '바이젠'은 독일어로 '밀'을 뜻하는 말로 보통 밀 맥주를 '바이젠'이라고 한다. 하얀색을 뜻하는 '바이스비어'라는 말로 부르기도 한다. '헬레스'는 독일어로 '밝다'

는 뜻으로 밝고 엷은 노란색을 가진 횡금색 라거를 말한다. '둥켈'은 독일어로 '진하다'는 뜻으로 뮌헨 지역에서 생산되는 검은색 계열의 맥주를 일컬어 '둥켈' 또는 '둥클레스'라고 부른다.

'헤페 바이젠'이란 '헤페'는 독일어로 효모, 헤페 바이젠은 '효모가 살아있는 밀 맥주'라는 뜻이다. 병 아래에 효모가 침전되어 있는데 독일 사람들은 이를 건강식품이라고 생각한다. 효모를 따르는 요령은 먼저 맥주병의 맥주를 1cm 정도 남겨두고 잔에 따른 다음, 병을 가볍게 흔들어 나머지 거품과 함께 효모를 따르면 된다.

'둥켈 바이젠'이란 둥켈과 마찬가지로 바이에른 지역의 맥주다. 검은 보리 또는 밀몰트로 만들어진 '검은색의 밀 맥주'를 말한다. '크리스탈 바이젠'은 효모를 제거한 밀 맥주로 깨끗한 투명감이 특징이다. 외관은 엷은 보리색 - 진한 황금색이다. 독일의 대표적인 맥주로는 벡스(BECK'S), 크롬바커(Krombacher) 등이 있다.

벨기에는 전 세계에서 가장 다양하고 특색있는 맥주를 생산하고 있는 나라다. 맥주 브랜드를 보면 500여개 이상의 맥주가 생산된다. 그리고 영국의 펍처럼 맥주 카페가 잘 발달되어 있어 맥주를 쉽게 즐겨 마실 수 있으며 맥주에 맞는 다양한 전용 잔도 구비하고 있다.

벨기에는 독일의 맥주순수령과 같은 엄격한 규제가 없기 때문에 오히려 다양한 맥주를 만들 수 있다. 또한 맥주와 곁들여 먹는 음식이 발달된 나라이기도 하다. 보통 독일에서 맥주 안주로 소시지나 족발을 많이 먹는 것에 비해 벨기에에서는 살라미나 치즈를 맥주와 곁들여 먹는다.

　벨기에 맥주로 유명한 호가든은 브뤼셀의 동쪽, 밀 재배지로 유명한 브라방 지역에 위치한 마을의 지명이자 맥주의 이름이다. 호가든은 벨기에의 밀 맥주 가운데 세계적으로 가장 널리 알려진 것 중 하나로 몇 년 전부터 라이선스 계약을 맺고 한국에서 생산되고 있다. 두블(DUVEL)은 '악마'라는 뜻으로 벨기에의 브린동크 지역에 있는 모르가트 가족 소유의 양조장에서 만들어진 맥주다. 이들은 골드 라거의 유행에 대처하기 위해 실험적으로 라거의 제조에 사용하는 페일 몰트와 영국 에일 맥주의 원재료인 스티리언 골딩스 몰트, 체코의 사츠 홉을 넣고 3~4개월의 숙성을 거쳐 새로운 맥주를 만들었다. 이 맥주를 처음 맛 본 이가 "이건 맥주의 악마다"라고 말한 것에서 악마라는 이름이 붙게 되었다.

　체코는 전 세계에서 개인 맥주 소비량이 가장 많은 나라다. 체코 맥주의 주종은 '필스너'다. 라거 계열 맥주를 대표하는 필스너는 전 세계 맥주 생산량의 90% 이상을 차지하는 맥주다. 필스너가 처음 만들어진 곳이 바로 체코의 플젠이다. '필스너'라는 맥주의 이름은 플젠이라는 지명에서 나온 것이다. 필스너 맥주는 밝고 투명한 황금색으로 깔끔한 맛과 뒷맛에서 느껴지는 고급스러운 홉의 쓴맛이 특징이다.

　체코의 필스너 맥주는 독일로 건너가 독일식 필제너를 탄생시켰다. 오늘날 필스너 맥주를 대변하자면 체코식 필스너와 독일식 필스너로 나눌 수 있다. 이제 필스너 맥주는 필스너, 필제너, 필스로 다양하게 불리면서 전 세계 맥주의 주종이 되었다. 하지만 필스너가 대형 맥주 회사에서 생산되면서 고유한 맛이 사라지고 맛이 엷어진 라거로 변하고 있다. 따라서 엄밀히 말하자면 이러한 맥주들은 필스너가 아니라 '필스너 스타일' 라거로 부르는게 맞다.

미국은 최근 다른 어느 나라보다 맥주문화가 많이 바뀐 나라다. 20~30년 전만해도 미국 맥주는 몰트와 홉이 적게 들어간 가벼운 맛의 미국식 페일 라거가 시장을 지배했다. 하지만 이제 미국은 세계 어느 나라보다 다양한 맥주를 생산하고 있으며 미국 전역에 퍼져 있는 맥주 양조장의 수는 무려 1400개가 넘는다. 물론 이러한 변화에도 불구하고 전체적인 시장은 안호이저-부시, 쿠어스, 밀러와 같은 대형 맥주 회사가 생산하는 라이트 비어(저칼로리 라거 맥주)가 지배하고 있다. 실제로 미국 내에서 생산되는 맥주 7병 가운데 6병이 저칼로리 라거 맥주다. 미국의 대표적인 맥주는 안호이저-부시에서 생산되는 버드와이저, 버드 아이스와 밀러 맥주에서 생산되는 밀러, 레드독과 쿠어스 맥주 회사에서 생산되는 쿠어스 라이트가 있다.

일본의 맥주 연간 생산량은 세계 7위다. 일본 맥주의 주종은 역시 필스너 계열의 맥주다. 오늘날 일본의 주요 맥주 회사로는 아사히, 기린, 삿포로 등을 꼽을 수 있다. 최근 일본 맥주의 역사에서 특징적인 것은 맥주 회사들간의 치열한 '드라이 맥주 전쟁'이다. 이른바 드라이 맥주 전쟁은 아사히 맥주가 '아사히 수퍼 드라이'를 생산하면서부터 시작되었다.

  당시 일본 맥주 시장의 50%를 차지하고 있던 기린 맥주 회사는 아사히 슈퍼 드라이에 맞서기 위해 '기린 드라이', '기린 몰트 드라이'를 생산했지만 아사히의 힘을 막을 수 없었다. 삿포로 맥주 회사 또한 '삿포로 드라이'로 시작하여 '삿포로 드래프트'로 브랜드 이름을 바꾸었지만 결국 드라이 맥주 전쟁은 아사히의 승리로 끝났다. 대표적인 일본 맥주는 아사히 슈퍼 드라이, 기린 이치방 시보리, 삿포로 오리지널 드래프트 비어가 있다.

얼마전 카스 맥주를 오픈하는데 전에 들리지 않던 '톡' 소리가 났다. 알고 보니 오비맥주가 병맥주를 열 때 '톡' 소리가 크게 나는 병뚜껑을 개발하여 '카스' 제품에 적용하고 있는 것이다. 뚜껑 안쪽의 플라스틱 마개 부분을 길게 만들어 밀폐 효과를 높임으로써 딸 때 큰 소리가 나도록 고안해 병뚜껑을 개발하였다. 뚜껑 테두리 한쪽엔 얇은 노란색 줄과 함께 '톡! 따는 소리까지 신선하다'고 적혀 있다. 이 회사가 병뚜껑을 개발한 것은 '톡'이란 광고 컨셉트에 맞춘 것이다. 기네스맥주의 '위젯'과 같은 발명품처럼 느껴져서 맥주 애호가로서 반가운 마음에 독자들에게도 알려주고 싶었다.

12
커피 한잔에 담긴 여유

석유에 이어 세계 2위의 교역량을 자랑하는 커피는 볶지 않은 생두의 거래량만 140억 달러에 이른다. 커피의 산지는 크게 다섯 곳으로 나뉜다. 남아메리카, 중앙아메리카, 아시아, 아프리카와 커피를 재배하는 몇몇 섬지역(하와이와 자메이카) 등이다. 이 지역들은 북회귀선과 남회귀선 사이의 무덥고 다습한 지역에 자리잡고 있다는 공통점을 갖는다. 커피가 잘 자라는 이 지역을 일반적으로 커피벨트라고 칭하고 있다.

커피벨트에서 매년 생산되는 커피의 양은 60kg의 자루로 9,100개에 해당될 만큼 그 양이 실로 엄청나다. 커피벨트 가운데 가장 많은 양의 커피를 생산하는 지역은 중앙아메리카와 남아메리카로 세계 커피 수요의 약 70%를 생산, 공급하고 있다. 또 아시아와 아프리카 지역은 20%를, 그 나머지 10%가 섬 지역에서 생산되고 있다.

커피의 원산지인 아프리카의 생산량이 아시아와 통틀어 20% 밖에 되지 않는다는 것이 의외이고 주로 인스턴트 커피용으로 많이 쓰이고 있는 저급 커피인 로부스터가 고급 커피의 대명사인 아라비카에 비해 생산량이 현저히 적다는 사실 또한 의외라고 할 수 있다. 아라비카종은 전체 커피 생산량의 75~80%를 차지하고 있고 로부스타종의 생산량은 20~25% 정도 된다.

건강을 최우선으로 생각하는 웰빙 열풍과 더불어 카페인이 적고 맛도 좋은 아라비카 종을 찾는 사람들이 전세계적으로 늘고 있는 만큼 앞으로 아라비카 원두생산량은 계속 늘어날 것으로 전망되고 있다.

아라비카 품종은 에티오피아가 원산지로 알려져 있으며 품질이 좋고 로부스타 품종에 비해 병충해와 고온다습한 환경에 약하다. 비교적 수확량이 적은 것이 특징이며 세계 대부분의 고급 커피가 아라비카 품종이다.

로부스타는 콩고가 원산지다. 병충해와 고온다습한 환경에 강하며 성장이 빠르고 수확량이 많다. 또 아라비카 품종에 비해 카페인의 함유량이 많고 보리를 태운 것 같은 고소한 향이 있으며 쓴맛이 강하고 신맛이 적다.

'커피'라는 단어는 커피의 원산지인 에티오피아의 '카파'에서 유래되었다. 9세기 정도부터 에티오피아의 고지대에서 재배되기 시작한 것으로 보인다. 전설에 따르면 염소 목동이었던 칼디(Kardi)가 우연히 염소들이 먹던 열매를 발견하게 되었고 그 열매를 마을에 가져오면서 피곤함을 덜어주는 커피의 효능을 마을 종교 수행자들을 돕기 위해 쓰이게 됐다고 전해진다. 그곳에서부터 커피는 이집트와 예멘으로 전파되었고 이집트와 예멘에서는 커피가 종교적 의식에 사용되기도 했다.

지금처럼 커피에 우유를 넣거나 달게 먹는 방식은 오스트리아에서 시작되었다. 후에 커피는 유럽에서 큰 인기를 얻기 시작했다. 유럽으로 커피를 처음 대량 수입하기 시작한 것은 네덜란드 상인이었다. 네덜란드인들은 인도네시아 자와 섬 지역에 커피 플랜테이션 농장을 지으면서 큰 성공을 거두었다.

런던 사람들에게 커피숍은 싼 값에 지식을 공유하고 토론하는 장으로 자리잡았다. 영국인들 사이에서 커피의 인기가 계속 증대됨에 따라 1690년대부터는 미국에도 본격적인 커피 가게 붐이 일어나게 되었다. 뉴욕, 보스턴, 필라델피아 등지에서 시작되었으며 1700년이 넘어가면서부터 뉴욕시에서는 커피가 아침 음료로 선호 받게 되었다.

미국 소설가 마크 트웨인이 극찬했던 '하와이 코나'는 지상 낙원이 산출해낸 태평양의 다이아몬드, 하와이 최대의 섬, 하와이 섬 중앙부에는 마우나케아 산, 마우나로아 산과 같은 표고 4,000m급의 산들이 우뚝 서 있다. 서쪽 경사면에 있는 코나 지구에서 재배되는 커피가 그 유명한 하와이 코나다. 알이 굵고 푸릇한 회녹색의 품격 있는 커피콩은 신맛과 순하고 달콤한 향이 특징이다.

세상의 수 많은 현존하는 커피 중 단연 세계 최고의 몸값과 풍미를 자랑하는 것은 바로 '커피 루왁'이다. 커피 루왁은 발리를 여행하면 만날 수 있는데 그 이유는 바로 인도네시아가 커피 루왁의 유일한 원산지기 때문이다.

다행히 세계인이 찾는 휴양지 발리에서 이 귀한 커피의 유통이 활발하게 이루어지고 있는데 루왁은 본래 인도네시아어로 야생 사향고양이를 뜻한다. 커피 루왁의 원재료가 그 사향 고양이의 배설물에서 나온 원두커피 알갱이다. 한마디로 커피 루왁은 고양이 똥에서 나온 커피를 말한다.

이 긴 꼬리 사향 고양이는 희귀종이며 인도네시아에서만 서식하며 한 철 붉게 열린 커피 열매만 따먹으면서 지낸다. 사향 고양이는 잘 익고 품질이 좋은 팜너츠라는 커피 열매만 먹는데 열매의 껍질과 과육은 소화가 되지만 원두 부분은 소화가 되지 않고 그대로 배설된다.

사향 고양이가 섭취한 커피 열매는 소화 과정을 거치며 커피의 쓴맛과 떫은 맛은 사라지는 대신 특유의 맛과 향을 지니게 된다. 이 커피가 소량만 생산되는 이유는 바로 이 같은 과정을 통해야만 하기 때문이다. 배설된 커피재료는 재가공을 거쳐 최고의 명품커피로 탄생하게 된다. 그 이유는 1년에 500kg 밖에 생산되지 않는다는 희소성 때문에 부르는게 값이다. 원두 1kg 가격은 90만~100만원을 호가한다. 최근 한국에서도 커피 루왁을 파는 곳이 생겼다. 커피 한

잔에 2만 5천원정도다. 그 명성만큼이나 손님이 많이 몰리는 모양이다.

'블루 마운틴'은 감칠맛을 균형 있게 겸비한 카리브해가 만들어낸 최고의 커피다. 중미 카리브해에 있는 섬나라 자메이카가 그 생산국이다. 그 이름을 붙일 수 있도록 허락된 커피는 섬 동부에 있는 블루 마운틴 산맥의 표고 800~1,200m의 특정 지역에서 재배된 커피콩분이다. 재배종은 아라비카 품종 중에서도 병충해에 약해서 재배가 어려운 티피카 종으로 천혜의 환경에서 정성스럽게 재배되고 있다. 향과 맛, 감칠맛을 균형있게 겸비하여 입 안에서 느껴지는 촉감이 가볍고 목넘김도 부드러워 그야말로 커피의 명성에 걸맞는 커피다.

'콜롬비아'는 남쪽으로 적도, 서쪽으로 안데스 산맥이 뻗어 있어 기후와 함께 약산성의 비옥하고 배수가 잘 되는 토양 등 커피 재배의 이상적인 조건을 갖추고 있다. 그 생산량은 브라질, 베트남에 이어 세계 3위다. 주요 산지로는 안티오기아 주 메데인이 있으며 이곳에서 생산되는 품격있는 커피는 세계적인 최고품으로 유명하다. 수프리모는 콜롬비아산 커피 제품 중 최고 등급이며 향이 좋고, 신맛과 뛰어난 감칠맛이 특징이다.

다양한 커피 종류만큼이나 커피를 마시는 방법도 매우 다양하다. 에스프레소는 고압·고온 하의 물을 미세하게 분쇄한 커피 가루를 가해 추출해내는 고농축 커피의 일종이다. 초창기 에스프레소는 20

세기 초반 이탈리아 밀라노 지역에서 개발되었다. 당시 에스프레소는 순수하게 수증기의 압력으로 추출하였으나 1940년대 중반 스프링 피스톤 레버 머신이 개발되어 오늘날 우리가 알고 있는 형태의 에스프레소 커피가 제조되기 시작했다.

에스프레소의 가장 큰 특징은 드립 커피(거름종이에 내리는 커피)보다 농도가 짙다는 것이다. 같은 부피를 놓고 비교했을 때 드립 커피보다 일정 부피 안에 용해된 고형체의 양이 많다. 그러나 흔히 생각하는 것과는 달리 카페인의 함유량이 적은데 커피를 빠른 시간 내에 뽑아내기 때문이다.

아메리카노는 에스프레소에 뜨거운 물을 더하여 먹는 방식으로 그 농도는 일반적인 드립 커피와 비슷하지만 풍미는 다르다. 아메리카노의 농도는 에스프레소의 '샷' 수와 더해지는 물의 양에 따라 조금씩 다르다. 아메리카노는 에스프레소 샷 한 개나 두 개를 뜨거운 물 150~480ml와 섞어 만든다.

카페라테는 커피와 우유라는 뜻을 지닌 이탈리아어로 커피와 뜨거운 우유를 곁들여 마시는 커피다. 이탈리아에서 '라떼'는 우유를 의미하는 단어다. 그렇기 때문에 불어나 스페인어에서는 그대로 우유를 곁들인 커피라는 문어로 카페라테를 옮겨 적는다. 카페라테는 전 세계에서 찾아볼 수 있는 커피의 종류 중 하나로써 카푸치노와 에스프레소와 함께 가장 흔한 종류 중 하나기도 하다.

이탈리아에서 카페라테는 아침에만 먹는 음료다. 꼭 정해진 것은 아니지만 커피를 증류해서 컵에 우려내 마신 다음 데운 우유를 첨가한다. 이탈리아 외에 대개 라테라는 것은 1/3의 에스프레소에 나머지를 우유를 넣는 것으로써 우유가 5mm정도 맨 위에 층을 이루고 있는 것이 특징이며 카푸치노와 흡사하다. 다만 두 종류의 차이는 우유와 에스프레소, 거품의 차이다.

카푸치노는 에스프레소, 뜨거운 우유, 그리고 우유 거품을 재료로 만드는 이탈리아의 커피 음료다. 여기에 코코아 가루나 계피 가루를 뿌려 마시기도 한다. 카푸치노는 카페라떼에 비해 우유의 양이 훨씬 적으며 전체의 양은 약 150~180ml가 되도록 한다. 카푸치노는 전통적으로 자기(磁器)로 된 컵에 서빙되는데, 이는 자기가 유리나 종이보다 열을 더 잘 보존하기 때문이다.

마끼아또는 점을 찍는다는 의미다. 스팀 우유를 먼저 따르고 그 위에 에스프레소를 넣는다. 카페라떼와 순서만 다르다고 생각할 수 있겠지만 무엇이 먼저냐에 따라서 맛이 다르다. 카라멜 마끼아또는 마끼아또에 바닐라 시럽과 카라멜이 혼합된 매우 단 커피 중 하나다.

맛있는 커피란 어떤 커피를 말하는 것일까. 혹자는 맛있는 커피의 첫 번째 조건으로 로스팅을 말하고 어떤 사람은 물맛과 물 온도가 커피 맛을 좌우한다고 말한다. 또 누군가는 내리는 사람의 기술에 따라 맛이 천차만별이라며 바리스타의 실력이 가장 중요하다고 말한다. 그러나 정말 맛있는 커피란 그 종류가 무엇이건 간에 좋은 사람과 함께 앉아 오붓하게 얘기를 나누며 따뜻한 느낌을 갖게 만드는 커피가 아닐까 싶다.

자판기 고급커피만으로도 잠을 떨치거나 일명 다방커피(커피, 설탕, 프림이 모두 가미된 믹스형태) 믹스 한봉지에도 행복했던 순간들이 있었다. 그러나 이제는 빌딩 숲 사이 한 빌딩 건너 하나씩에 자리한 커피전문점으로 인해 커피는 이제 우리의 일상이 되고 안식처가 되어 버렸다. 아쉬운 것은 외국에 비해 지나치게 가격이 높게 책정되어 있다는 것이다.

   그러나 커피는 이제 마시는 것에 지나는 것이 아니라 우리에게 하나의 문화가 되어버렸다. 스타벅스의 영향이 가장 큰 것으로 보인다. 그곳에서 공부를 하고, 비즈니스를 하고, 대화를 나누고, 인터넷을 하고 그 속에 코를 자극하는 커피향 너머에서 몸과 마음의 여유를 찾는 시간들이 되었으면 한다.

13

정말 소중한 사람과는 와인을 마시자

맥주는 시원한 청량감은 있으나 우선 일정한 양이 흡수되면 배가 부르고, 화장실에 자주 가게 되는 번거로움이 있다. 소주는 알코올의 알싸한 느낌으로 목을 타고 넘어 가지만 쉽게 넘어가기에는 어려움이 있다. 또 하나 취기가 올라오면 너무 무섭고, 다음날이 걱정되는 주류 중 하나다.

일반적으로 우리가 흔히 접하는 이러한 주류의 단점을 완화시켜 주면서 고급스러운 분위기도 연출할 수 있는 것이 바로 와인이다. 그러나 와인은 알면 알수록 그 내용이 방대하다.

와인 한 병을 구입하기 위해 매장을 찾는다. 전문매장, 백화점, 대형 할인마트 등 다양한 곳에서 와인을 찾아 볼 수 있다. 그러나 문제는 그 다음부터다. 가격대도 다양하고, 색상도 다양하고, 각 나라별 원산지도 다양하다. 무조건 저렴한 가격대를 선택하자니 뭔가 개운치 않고, 덜컥 비싼 와인을 한 병 집어 들자니 맛과 향이 또한 마음에 걸린다.

와인을 살 때는 백화점과 할인마트에서 구입한다. 할인마트의 장점은 중저가 와인을 싸게 판매하는 것이다. 백화점의 장점은 다양한 종류와 가격대의 와인을 좋은 보관 상태에서 판매하는 것이다. 입맛에 맞는 와인을 한꺼번에 구매하여 마시고 싶다면 할인마트를 이용하고 5만원 이상의 와인을 소량 구매하려면 백화점을 이용하는 게 좋다.

초보자는 우선 와인의 주요 포도 품종에 대해 알고 있으면 된다. 레드 와인은 대표적으로 4가지 품종으로 나뉜다. 전체 레드 와인의 절반 이상을 차지하는 까베르네 소비뇽(Cabernet Sauvignon)은 '레드 와인의 황제'라 불리는데, 색이 짙고 타닌이 많아 맛이 강하다. 장기숙성용 와인으로 주요 산지는 프랑스 보르도, 미국의 캘리포니아를 비롯해 칠레, 호주 등이다.

여성적인 느낌의 메를로(Merlot)는 까베르네 소비뇽에 비해 색이 옅은 편이고 타닌도 적어 맛이 부드러우며 붉은 과일 향과 꽃 향이 난다. 와인을 처음 접하는 사람도 부담 없이 마실 수 있으며 보르도, 캘리포니아, 칠레가 주요 산지다.

피노 누아(Pinot Noir)는 잔에 따랐을 때 속이 들여다보일 정도로 색이 옅고 타닌이 적어 섬세하고 우아한 맛이 난다. 딸기, 체리, 라즈베리, 제비꽃 향이 나며 프랑스의 부르고뉴, 미국의 오레곤주, 뉴질랜드가 주요 산지다.

타닌이 많아 강한 맛이 특징인 시라(Syrah)는 색이 짙고 붉은 과일, 후추, 가죽 향이 난다. 신맛이 강해 장기 숙성시킬 수 있으며 호주의 바로사, 칠레의 아콩카구아 지방이 주요 산지다.

화이트 와인은 대표적으로 2가지 품종으로 나뉜다. 세계적으로 가장 널리 알려진 품종인 샤도네이(Chardonnay)는 숙성기간이 길고, 사과·파인애플·멜론 등 열대과일 향과 레몬·감귤 향, 버터 향이 복합적으로 어우러져 섬세하고 미묘한 맛을 느낄 수 있다. 프랑스의 부르고뉴, 캘리포니아가 주요 산지다. 싱그럽고 톡 쏘는 맛이 상큼한 쇼비뇽 블랑(Sauvignon Blanc)은 풀·과일·꽃·스모키 향이 나며 뉴질랜드와 호주, 루아르가 주요 산지다.

와인은 색상에 따라 레드, 화이트, 로제 와인으로 분류된다. 레드 와인(Red Wine)은 일반적으로 우리가 흔히 볼 수 있는 붉은색 와인을 말한다. 수확된 적포도의 과육, 과즙, 과피를 함께 발효시켜 우러나온 색상이다. 스테이크, 파스타, 스파게티, 치즈 등과 잘 어울린다.

화이트 와인(White Wine)은 투명한 무색 또는 노란색 계열의 와인을 말한다. 일반적으로 백포도를 원료로 사용하지만 흑포도의 과피를 벗겨 과즙을 발효시키기 때문에 포도 껍질의 색소와 타닌성분이 제거되어 떫은 맛이 나지 않는다. 해산물, 생선, 과일 등과 잘 어울린다.

로제 와인(Rose Wine)은 분홍색의 와인을 말한다. 적포도를 원료로 하며 붉은색이 약간 띨 정도로 짧게 발효시킨 후에 다시 껍질을 제거하여 발효시켜 연한 핑크빛이 돈다. 파티의 오프닝이나 피크닉용으로 가볍게 마실 수 있는 깔끔한 와인이다.

와인은 맛에 따라 스위트 와인, 드라이 와인, 미디엄 드라이 와인으로 분류된다. 스위트 와인(Sweet Wine)은 단맛이 나는 와인으로 완전히 발효되지 못하고 당분이 남아있는 상태에서 발효를 중지시키거나 당분을 가미한 것으로 소화촉진을 돕는 데 적합하다. 드라이 와인(Dry Wine)은 완전히 발효되어서 당분이 거의 없는 와인으로 식욕촉진을 돕는데 적합하다. 미디엄 드라이 와인(Medium Dry Wine)은 스위트 와인과 드라이 와인의 중간 정도로 단맛이 약간 있는 와인이다.

그 밖에 순수한 자연 그대로의 포도만 가지고 양조한 발포성이 없는 비발포성 와인(Natural Still Wine)과 거품이 나는 와인으로 1차 발효가 끝난 다음 2차 발효에서 생긴 탄산가스를 그대로 함유시킨 발포성 와인(Sparkling Wine)이 있다.

나라별로 와인의 특징을 살펴볼 수 있다. 우선 세계 최대의 와인 국가인 프랑스 와인을 이해하려면 유명한 포도원의 명칭과 그 지리적 위치를 알아야 한다. 포도원의 역사적인 배경과 기후, 토질 등을 바탕으로 등급을 정하거나 각 지역별로 사용하는 포도의 품종, 담는 방법이 정해져 있어 상표에도 품종을 표시하지 않고, 생산지명과 등급을 표시하는 경우가 많다.

프랑스 와인이 세계적으로 유명한 이유는 품질관리체계를 통하여 와인을 생산하고 있기 때문이다. 이것은 A.O.C(원산지 명칭의 통제) 제도로써 프랑스의 고급 와인들은 대부분 A.O.C의 규제를 받고 있다.

보르도 지방은 프랑스의 대표적인 와인 생산 지역으로 프랑스 남서부 전 지역에 위치한다. 년간 6억 병의 포도주를 생산하는 이곳은 세계적으로 가장 큰 규모와 좋은 포도주를 생산하는 곳이다. 보르도에서 특히 유명한 와인 산지는 메독이다. 오랜 시간 묵혀서 향기가 좋으며 단맛이 없고, 풍미가 좋은 레드 와인을 생산한다.

부르고뉴 지방은 황금의 비탈이라 불리는 남북으로 뻗은 비탈 지역을 중심으로 와인을 생산하고 있다. 보르도 와인보다 알코올 도수가 약간 높고 강한 맛을 나타낸다. 황금의 비탈 남쪽 '보졸레'에서는 신선하고 상쾌한 레드 와인을 생산하고 있고, 황금의 비탈 서북쪽 '샤블리'에서는 매우 섬세한 맛과 드라이한 화이트 와인을 생산하고 있다.

샹빠뉴 지방은 샴페인(발포성 와인)을 생산하는 곳이다. 프랑스에서 포도가 재배되는 지역 중 가장 추운 곳이다. 별로 이름이 알려지지 않은 지방이었으나 발포성 와인을 만들면서 이름이 알려졌다.

이탈리아는 세계에서 와인 생산국으로 가장 중요한 지역 중 하나다. 포도가 재배되는 광범위한 지형적 위치에 따라 와인의 향기와 맛의 다양성이 중요한 연관을 가지게 된다. 북서부 지역은 주로 강한 맛의 레드 와인이 생산되고, 동쪽 지역 롬바디아에서는 가벼운 맛의 와인이 생산된다. 북동부 지역에서는 화이트 와인이 생산된다.

플로렌스 남쪽 지방에서는 레드 와인이 유명한데 전세계적으로 끼안띠로 잘 알려져 있다. 로마 지역에서는 가스뗄리 로마니와 같은 화이트 와인이 대표적으로 생산된다. 남쪽으로 갈수록 와인은 좀 더 강한 맛을 준다.

피에몬테 지방의 피에몬테 지역은 바롤로와 바바레스꼬 레드 와인이 유명하다. 그러나 이 지역의 최고 와인으로는 화이트로 달콤하면서도 탄산이 있어 사람들이 폭넓게 좋아하는 아스띠다. 급속도로 발전하는 피에몬테 와인은 자연 포도로 만들어졌다.

토스카나 지방의 플로렌스 지역은 이탈리아에서 고급 와인들을 가장 많이 생산하는 생산자들이 통합된 지역으로 오랜 세월 동안 인기를 끌어 왔다.

베네토 지방의 북동쪽에 있는 비방으로 유명한 베네치아와 베로나는 이탈리아 와인 생산지역 중 가장 큰 곳으로 발폴리첼라, 바르돌리노, 소아베 등이 유명하다. 이곳 와인은 가볍고 부담없이 즐길 수 있다.

스페인 와인은 프랑스와 이탈리아에 이어 세계 세 번째 와인 생산국으로 세계에서 가장 넓은 포도밭을 가지고 있지만 품질에 대한 인식이 낮고 아직도 전근대적인 방법으로 와인을 생산하는 곳이 많다. 전 지역에서 레드 와인과 로제 와인을 만들고 있으며 뻬네데스 지방의 까바를 비롯하여 남부의 가장 유명한 셰리등 다양한 와인이 나오고 있다.

리오하 지방은 스페인에서 가장 좋은 와인을 생산하는 대표적인 곳이다. 19세기 무렵 프랑스 와인 기술자들이 이곳으로 건너와 기술과 경험을 전수하여 와인의 품격을 높이게 되었다.

헤레즈 지방은 헤레즈의 영어식 발음인 '세리'로 세계에 알려진 곳이다. 이는 세계적인 명주이며, 스페인 포도의 대명사가 되었다. 남부 대서양 해안에 삼각주 지역이며 백암토 토질로 포도주 생산에 좋은 여건을 갖추고 있다.

뻬네데스 지방은 스페인에서 가장 혁신적인 방법으로 와인을 생산하고 있다. 이전에는 80% 이상 대부분이 레드 와인이었으나 미국종에 접목하면서 화이트 와인이 많아졌다. 화이트 와인 대부분은 발포성 와인이다. 병에서 발효시키는 스파클링 와인을 이곳에서는 까바라고 하는데 가격대도 적절하면서 맛이 우수한 것으로 평가된다.

미국은 프랑스, 이탈리아 등과 함께 최고의 와인을 생산하는 국가 중 하나다. 미국의 와인은 뉴욕주에서 처음 생산하였으나 사람들이 황금을 찾아 서부로 이동하면서 캘리포니아에 정착하면서 와인 산업이 발달하기 시작했다. 캘리포니아의 기후와 토양은 좋은 유럽 포도품종으로 높은 품질의 레드 와인과 화이트 와인을 생산하고 있다.

미국의 와인 상표를 이해하는데 그다지 어려움은 없다. 모든 표기가 영어로 되어 있으며 고른 기후 탓에 유럽처럼 생산지나 빈티지가 중요한 의미를 지니지 않는다. '로버트몬다비'처럼 와인 제조자의 이름이 와인 이름인 경우가 많다.

미국은 다양한 범위의 뛰어난 와인들이 생산되는데 레드 와인으로는 까베르네 소비뇽, 멜로, 진팔델이 유명하고, 화이트 와인으로는 샤도네와 소비뇽 블랑이 있다. 품질 좋은 스파클링 와인도 생산한다. 특히 진판델은 다양한 스타일이 있어 여러 음식과 매치시키는 남다른 재미가 있다. 약간의 기포가 있는 로제 스파클링 스타일의 진판델은 애피타이저로 가볍게 먹는 치즈등의 카나페와 잘 어울린다. 바디감이 있고 파워풀한 진판델은 불고기와도 궁합이 잘 맞는다.

캘리포니아 지방은 미국에서 와인을 가장 많이 생산하는 지역으로 미국 전체 생산량의 85%를 차지한다. 나파벨리 지방은 미국에서 가장 유명한 포도 재배 지역으로 샌프란시스코 북쪽에 자리하고 있다. 이 지역은 토질이 비옥하고 아름다워 여러 산물이 생산되며 프랑스와 같이 좋은 레드 와인이 생산되고, 프랑스에서 재배되는 품종의 화이트 와인도 생산된다.

소노마 지방은 나파벨리 다음으로 유명한 와인 생산지역으로 태평양 해안에 가깝고 기후가 온화하여 포도 재배에 적합하다. 소노마 와인은 라벨에 포도 재배 지역을 표기하고 있다.

호주의 포도 재배 지역은 남부지역에 자리잡고 있다. 기존에 생산된 대부분의 와인은 가정에서 마시거나 영국으로 수출하기 위해 만든 알코올 강화 와인이 대부분이었으나 1970년대 이후부터 와인 산업의 성장과 변화가 시작되었다.

호주 와인 리슬링은 세계에서도 정상급에 속하는 오리지널 포도 품종의 하나로 인정받고 있으며, 쉬라즈는 프랑스 론의 쉬라품종에서 파생된 것으로 호주에서는 까베르네 쏘비뇽과 함께 적포도 품종의 양대 산맥을 이루고 있다.

리슬링 와인은 알코올 농도가 대체적으로 높고, 질감이 풍부하며 과일향이 짙은 특징을 가지고 있으며 후레쉬하고 가벼운 느낌의 와인이다.

빅토리아 주 남동부 멜버른 근처에 위치한 오랜 전통을 지닌 와인 지역으로 기후와 토양이 유럽과 비슷하다. 호주에서 두 번째로 많은 양조장이 있으며 정상급의 레드, 화이트, 발포성, 포트와인을 생산한다. 뉴 사우스 웨일즈주 시드니 가까운 곳에서는 최상급의 샤르도네를 생산하는 마운트아담, 상급의 샤르도네를 생산하는 카세그레인, 레드 와인과 화이트 와인 모두 상급인 레익스 폴리, 린데만 등이 있다.

남부 오스트레일리아는 호주 와인의 60%가 생산되는 곳으로 모든 종류의 다양한 와인을 생산하고 있으며 세계 100대 와인 안에 손꼽히는 그랑쥬 에르미따쥬가 생산된다.

서호주는 호주 프리미엄 와인의 30%를 차지하는 고급 와인 생산지로 유명하다. 그 대표적인 곳은 스완밸리다. 스완밸리의 와이너리 (와인양조장) 가운데 샌달포드는 가장 오랜 역사를 지니며 서호주 와인 관광 산업을 이끄는 곳이라고 할 수 있다. 샌달포드의 빈티지 와인은 발효를 시킨 후 병입한다. 빈티지 화이트 와인은 당도가 높은 편이어서 와인의 향미가 뛰어나다. 일반적으로 화이트 와인은 생선에 어울린다고 생각하지만 이 와인은 육류와 함께 마셔도 무난하다.

　칠레 와인은 가장 품질이 좋은 와인이 생산되는 곳으로 이곳의 레드 와인은 세계적인 수준이라고 할 수 있다. 레드 와인은 프랑스산 오크통에서 잘 숙성된 것으로 국제적 수준으로 인정받고 있지만 화이트 와인은 오크통에서 너무 오래 숙성되어 색상이 짙고 나무냄새가 강한 편이다.

　칠레의 특색있고 대표적인 와인이라면 일반적으로 알마비바를 꼽는다. 프랑스의 양조기술과 칠레의 토양이 만나 맛과 멋을 겸비한 와인이다. 칠레 특유의 생명력과 세련미를 갖춘 와인은 몬테스와인이다. 그 가운데 몬테스알파 까베르네 쏘비뇽은 칠레의 국민 와인이라고도 일컫는다.

　캐나다 와인은 유럽종의 포도를 재배하여 신선하고 상쾌한 화이트 와인을 생산한다. 특히 아이스 와인은 나이아가라 폭포의 관광객을 대상으로 판매하여 세계적으로 이름이 알려져 있다. 세이블 블랑, 바이달블랑 등의 화이트 와인용 포도를 재배하며 레드 와인용으로는 마레샬 포크, 바코 누아르 등이 있다. 최근에는 리슬링, 샤르도네, 쏘비뇨블랑, 까르베네 쏘비뇽, 삐노 누아르, 가메 등도 재배가 증가하고 있다.

　와인은 우리의 삶과 무척 닮아 있다. 서로 다른 환경에서 자라 성격이 제각기 다르듯이 와인도 시간이나 장소에 따라 품종 · 빈티지가 같더라도 전혀 다른 느낌을 준다. 와인은 천천히, 음미해서 먹지 않으면 깊이 있는 맛을 느낄 수 없다. 여유있게 담소를 나누며 스트레스 없이 마시는 게 좋다. 와인에 대해 알고 싶다면 일단 많이 마셔보는 것이 좋다. 신기한 것은 사람마다 입 안 점액이 다르기 때문에 와인의 맛과 향도 마시는 사람에 따라 다르다.

'코키지 차지(corkage charge)'란 것이 있다. 손님이 가져온 와인에 대해 와인잔을 세팅해 주고, 디캔팅 및 점원이 직접 코르크 마개를 따서 잔을 채워주는 서비스에 대한 봉사료를 지불하는 것을 말한다.

호텔의 경우 손님이 들고 온 와인에 대해 레스토랑 판매가격의 30%, 일반 레스토랑의 경우 병당 2~5만원을 받는다. 하지만 최근에는 1만원 정도의 코키지 차지만 받거나 아예 무료인 레스토랑도 많이 찾아볼 수 있다.

PART
03

Interest

건강과 행복은 차를 타고 오지 않는다
걸어서 온다
그러니까 두 발로 걷거나 뛰는 시간이 많을수록
그것들을 만나게 될 확률은 아주 높다

14
내게 행복을 주는 펫 기르기

모 대학교 취업 캠프에 갔을 때다. 캠프 담당 교직원은 내게 아주 재미있는 에피소드를 들려주었다. 취업 캠프에 참가한 학생들의 이력서와 자기소개서를 받았는데 한 친구의 이력서 가족사항란에 '해피'라는 이름이 있었다. 혹시 늦둥이 동생이냐고 물었더니 자신이 키우고 있는 애완견이라며 아무렇지 않게 말하는 모습을 보고 너무 당황했다는 얘기였다.

한참을 의아해 하며 웃고 말았지만 이처럼 인간과 동물의 친밀한 관계는 매우 오래전부터 자연스럽게 형성되어 왔다. 최근 들어 애완동물을 키우는 사람들이 늘고 있으며 인간과 동물의 상호작용에 관한 연구도 관심 있게 대두되고 있다.

애완동물은 장식용에서부터 지위의 상징, 사람을 도와주는 역할에서 친구가 되어주는 역할까지 다양한 기능을 수행한다. 열대의 새나 물고기들은 단순히 장식용의 역할을 하고, 남유럽의 노래하는 새들은 집 밖의 새장에서 장식적인 가치로 사육되고 있다. 애완동물은 개인적인 표현의 한 창구로 이용되기도 한다. 사람들은 옷이나 차 등의 많은 방법으로 자신의 개성을 표현하는데 애완동물 역시 그 주인의 개성을 반영한다. 예를 들면 개 품종이 사나운 개를 기르는 것은 사회에 대한 적대감을 표현하는 것이라 볼 수 있다. 또 진기하거나 위험한 애완동물(독사, 독거미 등)을 키우는 사람들은 자신의 지위를 나타내거나 그런 동물처럼 독립적이고 특별하다는 것을 나타낸다고 볼 수 있다. 동물은 그 주인의 특징을 나타내거나 또는 주인이 다른 사람들과 상호작용을 할 수 있게 해주는 일종의 사회화 도구로 이용되기도 한다.

취미로 애완동물을 키우는 것은 외국에서는 보편화된 현상이다. 그 이유는 애정을 주고 받는 대상을 갖기 위해서다. 이것은 생활필수품을 소유하는 것과 다르며, 그 상호작용은 매우 복잡하다. 애완동물을 기르는 것은 그 관계 자체로써 중요하다. 그러나 애완동물을 기르는 사람이 항상 동물과 강한 유대관계를 맺는 것은 아니며 동물과 유대관계를 발전시키는 이유는 사람에 따라 다양하고 각 개인의 태도와 개성을 반영한다.

애완동물과의 관계 증진은 사람들간의 교제와 비교할 수 있는데 그 친밀감 역시 매우 다양하여 사람 사이의 교제와 같은 방법으로 형성될 수 있다. 적당한 사회화, 긍정적인 경험, 지속적인 육체적 접촉은 사람과 동물 사이의 유대관계를 견고하게 만든다. 또한 사람과 동물의 사회조직과 의사 소통체계가 유사할수록 각자가 상대방의 신호를 더 빨리 인식하여 적절하게 반응할 수 있다.

특히 의사소통과 감각체계에 관한 것은 고등 척추동물과 인간의 사이에서 더욱 크게 작용한다. 그렇기 때문에 우리는 물고기나 파충류보다 고양이나 개에게서 더욱 친근감을 느낀다. 고양이와 개는 일반적인 가축 중에서 가두거나 묶어놓지 않고 기를 수 있는 유일한 동물이다. 이로 인해 일반적으로 개와 고양이가 애완동물에서 대중성을 갖게 된 것이다.

인간과 동물의 상호관계에 대해서 개와 고양이는 가장 많은 연구 주제가 되고 있다. 애완동물을 소유하지 않은 사람이 애완동물 소유에 대한 인식은 보편적으로 애완동물이 그 주인의 자식을 대신하거나 사람간의 인간관계에 대한 부족을 채우는 것으로만 생각하는 경향이 있다. 그렇기 때문에 그들은 애완동물 소유자들은 사회성이 부족하고 감정 조절이 잘 안 되는 사람들이라고 여기기도 한다. 그러나 수 많은 연구를 종합해 보면 애완동물 소유자의 대부분은 정상이며 반려동물은 인간사회의 상호관계를 발전시켰음을 보여준다. 최근까지 애완동물을 키우는 것은 감정적 또는 사회적 욕구의 충족이라는 점에 한정되었다. 그러나 인간은 애완동물의 소유를 통해 심리적, 육체적 건강을 증진시킨다는 것을 알 수 있다.

애완동물 소유에 따른 경제적인 부담에도 불구하고, 많은 사람들이 애완동물을 키운다는 것은 인간과의 관계가 금전적으로 계산할 수 없는 어떤 도움을 주는 관계, 즉 서로 사랑과 애정을 나누는 특별한 관계를 나타내는 것이다.

최근 20~30년간 사회적, 정신적 요인이 신체적 건강에 큰 영향을 미친다는 사실이 인식되었고 사회적 요소가 심장혈관상의 건강에 지대한 영향을 끼친다는 것은 이미 확인된 바 있다. 이런 사실에 근거하여 애완동물이 심장 질환으로 입원한 환자들의 생존을 증진시킬 것이라는 가설을 입증하기 위해 심장병동에서 퇴원하고 일년이 지난 시점에서 환자들의 생존율을 유형별로 살펴보았다. 그 결과 애완동물을 키우고 있는 환자의 사망률은 5.7%였지만 애완동물을 키우지 않는 환자의 사망률은 28.2%였다. 그 후 동물이 인간의 스트레스나 걱정을 얼마나 경감시켜 주느냐에 대한 많은 연구가 실시되었다.

애완동물과의 상호작용이 성인 건강에 미치는 영향에 대한 연구에서 고양이나 개를 위탁 받은 71명의 성인과 대조집단의 21명을 같은 10개월 동안 관찰했다. 개주인들은 산책을 더 많이 하는 등 운동습관이 향상되었고, 범죄에 대한 두려움이 감소하고 자신감도 증진되었음을 알 수 있었다.

개와 고양이 주인 모두 위탁 후 한달 동안 감기, 두통, 소화불량과 같은 사소한 신체적 문제와 정서적 고민이 감소했음을 알 수 있었고 개 주인의 경우 이러한 현상이 10개월 연구기간 내내 유지되었다.

사람들은 잠시 동안이라도 자신의 애완동물과 같이 있을 때 근심과 걱정을 잊고 그들의 재롱에 빠져드는 경향이 있다. 심지어는 낯선 동물조차도 혈압상승 같은 신체적 스트레스 반응이나 정신적인 반응에 긍정적인 효과를 미칠 수 있다. 애완동물이 스트레스에 대한 신체반응을 완화시키는 기전에 대한 연구가 진행되었는데, 스트레스 상황하에서 애완견 또는 친한 친구와 있을 때 혹은 배우자와 있는 경우 수축기 혈압을 측정한 결과, 애완견과 같이 있는 경우가 다른 비교군 보다 낮은 수축기 혈압을 나타냈다.

재미있는 사실은 스트레스가 적은 환경보다는 많은 환경에서 결과가 두드러졌다. 이것은 스트레스가 많은 환경에서 애완동물의 존재가 사람에게 편안함을 주고 외부로 주의를 돌릴 수 있는 도움을 준다는 사실을 입증하게 된 것이다. 애완동물의 존재는 사람들로 하여금 자신 및 주위환경을 보다 넓고 다양하게 인식할 수 있도록 도와 준다. 애완동물이 곁에 있음으로써 안정감과 편안함을 얻게 되며, 이로 인해 심맥 관계에 스트레스를 완화하는 작용이 있다는 여러 연구 결과들이 발표되었다.

다양한 종류의 동물이 인간의 건강에 미치는 영향은 각 개인과 동물과의 관계, 동물에 대한 인식과 문화적인 요인에 따라 다를 수 있다. 따라서 애완동물이 특정 개인에게 미치는 신체적 영향을 설명하기 위해서는 개인이 갖고 있는 동물과의 관계 강도, 동물에 대한 태도뿐만 아니라 동물과 관련된 사회적 요인들의 고려도 함께 이루어져야 한다. 그러나 애완동물이 특정한 병을 치료하는 약이 될 수는 없으며 애완동물과 함께 한다는 것은 그만큼 책임이 뒤따른다는 것이다. 하지만 그러한 책임이 바람직한 효과를 가져다 준다. 동물에게 먹이를 주고, 운동을 시키고, 보살피는 여러 과정을 통해 긍정적인 변화를 추구할 수 있다. 그러므로 아프면 약을 먹는 단순한 삶의 패턴이 아닌 자신의 생활방식을 긍정적으로 수정하여 삶의 건강과 질을 증진시킬 수 있는 능력을 지닌 매개체로 간주해야 할 것이다.

특히 노인과 관련된 애완동물의 역할은 사회화 또는 교제의 효과에 그 초점이 맞춰져 있다. 영국에서 이루어진 75~81세의 노인을 대상으로 한 연구에서 애완동물은 '사회적 윤활유'와 '서먹서먹함을 풀어주는 기능'을 한다고 밝혀졌다. 또한 노인들이 개를 키우면 주위 사람들과 더 쉽고 친밀하게 대화가 이루어져서 사회적 상호작용이 이루어짐을 볼 수 있다.

노인시설에 거주하고 있는 노인의 경우에도 애완동물이 교제의 폭을 넓혀주는 긍정적 영향을 미친다는 사실이 연구를 통해서 밝혀졌다. 동물들은 노인들간의 상호작용뿐만 아니라 직원과의 상호작용을 증가시켰으며 노인들과 직원들간의 촉매제 역할을 하며 전체 기관의 전반적인 사기를 향상시키고 고립된 개인들이 하나의 공동체를 만들 수 있게 해주었다.

노후에 건강유지를 위해 생활습관을 확립하는 것은 중요한 일이다. 그러나 노인들은 노화 자체에 대해 정신적인 불안감을 갖고 있다. 이때 애완동물을 키움으로써 건설적이고 생산적으로 시간을 사용할 수 있다. 또한 애완동물이 규칙적인 생활을 할 수 있도록 동기부여를 한다.

특히 애완견의 경우 개들이 걷기를 좋아하기 때문에 주인에게도 신체활동을 하도록 동기를 부여한다. 이처럼 애완동물은 노인들의 건강에도 필수적인 운동을 가능케 함으로써 신체적 효과를 가져오며 자연스럽고 즐겁게 행동할 수 있도록 정신적 건강을 증진시켜준다.

애완동물을 키우려면 많은 관심과 애정이 필요하다. 먹이 주기, 배변 치우기, 미용 시키기, 산책 시키기, 샴푸 해주기 등 사소하게 해야 할 일들이 많다. 때로 귀찮기도 하고 짜증이 날 때도 있다. 그럼에도 불구하고 애완동물을 키우는 이유는 때로는 친구 같고, 가끔은 자식 같고, 어떤 때는 든든한 내 편이 되어주기도 하기 때문이다.

또한 예상치 못한 웃음을 주기도 한다. 사람처럼 코를 골면서 자는 경우, 방귀를 뀌고 스스로 매우 민망해 하는 모습, 좋아하는 음식 앞에서 절대 체면을 차리지 않는 모습 등이 우리를 웃게 만든다.

15

아버지를 기억하는
마음의 자전거

'마음의 자전거'는 애플이 1980년대 과학 잡지에 실었던 광고의 카피였다. 자전거를 탄 사람은 인간의 동작 중에서 가장 효율적인 형태이다. 마치 가장 효율적으로 비상하는 독수리처럼 사람도 마음 속에 자전거를 창조할 수 있다. 애플의 비전은 사람들의 지성과 창조성이 마치 달리는 자전거처럼 반짝이게 돕고 싶다는 것이었다.

19세기 초 처음 제작된 자전거는 중요한 교통수단 중 하나이며 세계적으로는 스포츠와 산업의 기초로 발전했다. 자전거는 많은 나라에서 도로교통 수단의 한 부분을 차지하고 있다. 자전거를 타고 여행하는 것은 영국에서 가장 많이 발전되었지만 독일과 프랑스 및 기타 유럽 국가에서도 늘어나고 있는 추세다.

자전거는 걷기나 조깅보다 속도감이 있고, 같은 에너지로 더 멀리 갈 수 있으며 주변의 풍경도 함께 만끽할 수 있다는 것이 장점이다. 저전거를 타게 되면 속도감, 스릴, 몸의 무담감도 줄일 수 있고, 유산소 운동도 되면서 근거리 이동 시, 출퇴근용으로 활용할 수 있는 경제적 측면도 용이하다.

또 남녀노소 누구나 쉽게 즐길 수 있다. 필기나 이론 시험을 통해 면허를 취득해야 하는 것도 아니고, 자전거 타는 것을 배우는 것도 그리 오래 걸리지 않는다. 일단 배우고 나면 쉽고, 가볍게 꾸준히 운동할 수 있고, 평형감각을 유지할 수 있는 재미있는 운동이다.

일단 자전거를 타게 되면 안장이 체중을 받쳐 주어 신체의 다른 부위에 크게 부담을 주지 않으면서 심폐 능력을 개선하는데 많은 도움이 된다. 그리고 하체 근육을 발달시킬 수 있어 건강을 지키는데 유용하다. 특히 외부에 나가 신선한 바람을 맞으며 달리는 자전거 타기는 스트레스를 한방에 날려버릴 수 있어 정신건강에도 좋다. 자전거를 규칙적으로 타면 몸에 해로운 콜레스테롤의 양을 줄일 수 있고 동맥경화 예방과 지방대사를 원활하게 촉진시켜 준다. 꾸준히 주 3회, 20분 이상 자전거를 타면 우리 몸 속의 면역력을 강화시켜 감염에 대한 예방도 지킬 수 있다.

또한 자전거 타기는 인슐린의 저항성을 떨어뜨린다. 이는 성인병의 원인이 되는 당뇨병을 예방한다. 나이를 먹게 되면 운동량이 적어 지는데 이때 생길 수 있는 각종 근위축도 예방할 수 있다. 근육량이 많아질수록 혈당은 안정적으로 유지되며 허벅지, 엉덩이, 종아리 등의 하체 근육과 손아귀, 팔, 어깨, 허리 등 상체 근육의 발달도 가져온다. 근력의 발달은 특히 여성과 노인들에게 많이 발생되는 골다공증과 퇴행성관절염 치료에 중요한 요소가 된다.

자전거 타기를 꾸준히 하게 되면 근육 내에서 산소를 저장하는 화합물인 마이오글로빈의 함량이 증가되어 근육의 에너지를 최상의 상태로 만들어 준다. 마이오글로빈은 세포막에서 산소를 소비하는 미토콘드리아의 산소 운반을 도와주는 역할을 한다. 따라서 자전거 타기는 마이오글로빈의 함량이 증가하면서 근육이 충분한 산소 공급을 받으며 활동할 수 있게 된다. 이는 곧 근육이 효율적으로 에너지를 이용하는데 도움이 된다.

이 뿐만 아니다. 자전거 타기를 통해 골격근의 유산소성 능력이 크게 증가하여 산소를 소비하는 능력과 탄수화물 및 지방을 대사연료로 이용하는 능력이 향상된다. 따라서 오랜 시간 지치지 않고, 근육활동을 지속적으로 수행할 수 있고 동일한 일을 했을 경우에도 쉽게 피로해지지 않는다. 폐활량과 혈액의 양을 증가시켜 공기를 최대한 들이마신 후 다시 최대의 힘으로 내뿜는 폐활량이 증가된다. 호흡을 할 때마다 산소 흡수량이 증가되는 등 전반적으로 폐기능이 향상되기 때문이다. 또한 혈액량을 증가시키고 산소를 운반하는 역할을 담당하는 헤모글로빈의 양도 증가시켜 탄산가스와 같은 노폐물을 제거하는 능력도 향상된다. 자전거 타기로 인해 혈관이 더욱더 유연해지는 것이다.

심장을 튼튼하게 하는 자전거 타기는 심박출량이 커지고 한 번에 방출하는 혈액의 양도 증가하여 심박수가 감소하게 된다. 심장박동을 천천히 하면서 혈액과 산소를 신체 각 기관에 효율적으로 충분하게 공급한다. 이로써 폐의 탄력성이 증가하고 일정 시간 내에 공기를 최대로 마시고 내쉴 수 있는 능력인 최대환기 능력도 증가하게 된다. 평소 폐활량이 부족해 잔호흡을 하거나 조금만 활동을 해도 숨이 찬 사람이라면 큰 도움이 된다.

고혈압 환자에게는 자전거 타기가 혈압을 낮출 수 있는 요소가 된다. 하지만 보통 고혈압 환자의 경우에는 운동뿐만 아니라 혈압강하제, 식이요법 등 일상생활과 관련된 치료를 운동과 병행해야 한다. 운동을 하지 않던 고혈압 환자가 갑자기 무리한 운동을 하게 되면 혈관이 터질 위험이 있으니 적당한 강도의 자전거 타기를 계획하고 실행해야 한다.

이 외에도 관절염 환자와 비만 환자에게 자전거 타기는 도움이 된다. 그들에게 운동은 필수적인 것이지만 자칫 잘못된 방법으로 운동을 하게 되면 관절에 무리가 올 수 있기 때문에 안 하느니만 못하는 상황이 발생하게 된다. 또한 전체적으로 체중이 감량되면서 뱃속에 있는 체지방을 분해하기 때문에 복부비만뿐만 아니라 비만 환자에게도 좋은 운동이다.

보통 자전거를 탈 때 다리 근육만 사용한다고 생각하는데 실제로는 그렇지 않다. 자전거 타기는 일상생활에서 잘 쓰지 않는 허리, 엉덩이, 허벅지, 복부, 종아리 근육을 반복적으로 움직여 탄력 있는 몸매를 만들어 준다. 특히 여성들 중에서 자전거 타기를 오래 하면 일명 알통 다리가 된다고 거부하는 경우도 있는데 여성은 여성호르몬의 영향을 받기 때문에 울퉁불퉁 다리 근육을 걱정할 필요가 없다. 여성은 남성처럼 근육이 생기면서 살이 빠지는 것이 아니라 전체적으로 몸매가 S라인으로 되면서 살이 빠지기 때문에 자연스레 각선미도 생긴다. 또 페달을 돌리면서 엉덩이 근육을 움직여 힙업 효과까지 얻을 수 있으므로 따로 시간을 내서 자전거를 탈 수 없는 여성이라면 S라인 몸매를 위해서라도 휘트니스센터의 고정식 자전거를 타는 것도 하나의 좋은 방법이 될 수 있다. 또한 발바닥 지압이 따로 필요 없이 페달을 돌리게 되면 발바닥의 말초신경이 자극된다. 다리가 쉽게 붓는 사람이나 평상시 혈액순환이 잘 되지 않는 여성들에게 자전거 타기는 발의 피로를 풀어 주는 운동법이다.

자전거 타기의 기본자세는 첫째, 핸들바 잡는 법이다. 막대기에 손가락을 감아가듯 새끼손가락만으로 쥐는 기분으로 잡는다. 핸들바를 손가락 전체로 세게 잡을 시에는 어깨와 팔에 불필요한 힘이 들어가게 되며 라이딩시 부자연스러운 핸들링과 어깨가 아픈 원인이 된다. 팔과 어깨의 부자연스러운 힘을 빼기 위해서는 안장에 앉은 상태에서 핸들바를 잡고 어깨를 의쓱하는 식으로 한껏 들어 올렸다가 탁하고 내린다.

둘째, 시선의 중요성이다. 사람은 눈으로 보고 있는 방향을 향해 무의식적으로 진행하는 구조로 되어 있다. 자전거 하나 지나갈 수 있는 충분한 공간에서 옆에 부딪치거나 넘어지는 가장 큰 이유는 시선을 빼앗겨서다. 험한 길이나 어려운 코스, 코너링에서 가장 중요한 것은 자신이 가고자 하는 길 이외 시선을 빼앗기지 않는 것이다. 험로에서는 3~4미터 앞을, 고속일 때는 5~10미터 앞을 보고 진행해야 한다.

   셋째, 손목은 펴고 팔꿈치와 무릎은 약간 굽혀져야 한다. 손목은 꺾임 없이 직선을 유지해야 하며 팔꿈치와 무릎은 약간 굽혀서 지면에서 오는 충격과 자신의 몸무게가 자전거에 전해지는 충격을 완화시켜 주어야 한다. 이때 팔꿈치는 몸 쪽에 붙이고 무릎은 벌어지지 않게 모아야 한다.

   넷째, 등을 곧게 펴야 숨을 편하게 쉴 수 있으며 엉덩이를 좀 더 유연하게 움직일 수 있다. 이렇게 함으로써 상황에 따른 대처 능력이 좋아지게 된다. 마지막으로 라이딩 중간 중간에 계속 몸을 풀어줘라. 자전거를 잘 타는 사람도 한 두 시간 넘게 자전거에 앉아 있으면 엉덩이와 기타 여러 부위가 뻐근해지고 아파온다. 이때는 안장에 잠깐 일어서서 엉덩이를 풀어주고 손의 위치를 자주 바꿔주며 목을 좌우로 움직여 풀어줘야 한다.

어릴 적 소원은 빨간 자전거 하나를 갖는 거였다. 우연한 기회에 자전거를 배우게 되었고 동네 아파트를 돌며 딱 한번 자동차와 부딪쳤던 기억이 난다. 바람을 가르며 코로 들어오는 신선한 공기가 마음을 더욱 즐겁게 해 주었던 것 같다. 어른이 된 후 빨간 자전거는 아니지만 분홍색 자전거를 구입했다. 지금도 베란다 한 켠에 놓여 있다. 가끔은 한강변을 달려 보기도 하고, 가끔은 동네 아파트 단지 어디쯤에서 서성이곤 한다. 자전거를 보면 어린 시절, 자전거를 가르쳐 주셨던 아버지의 모습이 어렴풋이 기억난다. 그때가 참 그리워진다.

16
뭔가 정리가 필요할 때 하는 일

대한민국은 온통 걷기 물결이다. 전국에 올레길, 둘레길 열풍이 불고 있다. 제주 올레길에서 불기 시작한 걷기 열풍은 지리산, 덕유산을 거쳐 서울 북한산과 도봉산까지 북상한 뒤 다시 지방 구석구석으로 재 확산되고 있다. 그 길이 도대체 무엇이길래 걷는 행위가 어떤 의미이기에 이리도 많은 인파가 찾는 것인지 궁금해진다.

사단법인 제주 올레 안은주 사무국장은 치열하게만 살아온 한국인들의 내면에 앞만 보고 달려가는 삶에 대한 회의가 있었지만 현실에서 이를 달랠 방법이 마땅치 않았던 게 사실이며 휴식의 필요성과 건강에 대한 관심, 나만의 특별한 여행을 향한 갈망 등 시대적인 흐름이 제주의 아름다운 자연과 문화, 걷기 열풍과 맞아떨어져서 놀라운 사랑을 받는 것 같다고 말한다.

걷기는 일반인과 노인층, 허약자, 어린이, 비만자 등 많은 사람들에게 좋은 운동이며 유산소 운동의 대표적인 것이다. 유산소 운동이란 호흡에 의해 조직으로 들어온 산소를 이용하여 에너지를 형성하고 그 에너지에 의해 근수축을 일으키는 운동을 말한다.

걷기는 속도에 따라 평보, 속보, 경보로 구분된다. 평보는 1시간에 4km(보폭 60~70cm) 정도의 속도로 걷는 것을 말하며, 속보는 1시간에 6km(보폭 80~90cm), 경보는 1시간에 8km(보폭 100~120cm) 정도로 걷는 것을 말한다. 일반적으로 평보의 보폭은 자신의 키에서 100을 빼면 된다.

걷기를 시작하기 전에는 간단한 스트레칭으로 준비운동을 하는 것이 좋다. 처음 10분 정도는 속보로 걷기 시작한다. 그 후에는 경보로 빠르게 걷거나 가벼운 조깅식으로 속도를 내는 것이 좋다. 이러한 속도는 전체 운동시간의 2/4 정도를 차지하도록 유지한다. 숨이 차오르고 땀이 나게 되면 처음의 속보 정도로 돌아가면서 운동을 마치면 된다. 단, 준비운동과 정리운동은 반드시 마무리 한다. 가벼운 스트레칭으로 몸을 풀어 주면 된다.

걸을 때 자세로는 턱은 가볍게 당긴다. 머리를 숙이고 걷게 되면 목과 어깨 근육에 무리를 줄 수 있으므로 가급적 머리는 들고 시선은 5~6m 전방을 향해 바라본다. 어깨의 힘은 빼고 팔은 자연스럽고 힘차게 흔들면 된다. 팔꿈치는 90도 정도로 자연스럽게 구부리고 다리는 리듬감 있게 걷는다. 어깨는 항상 엉덩이와 일직선이 되게 하고, 가슴을 들고 허리를 펴고 자연스러운 자세가 되도록 유지한다.

무릎은 쭉 펴고 일상적인 걸음보다 약간 넓은 80~90cm 보폭으로 걷는다. 엄지발가락에 중심을 실은 채 뒤꿈치부터 땅에 댄 뒤 발끝으로 차듯이 앞으로 내민다. 큰 보폭은 히프를 불균형하게 만들 수 있으며 무릎에도 무리를 줄 수 있으니 보폭을 크게 하는 것보다 적당한 보폭으로 발을 자주 움직이는 것이 좋다. 호흡은 발의 리듬에 맞게 두 걸음 걷는 동안 계속 숨을 내쉬고, 다음 한 걸음 걷는 동안 숨을 들이 쉬도록 한다.

단순한 걷기가 아닌 운동으로써 걷기를 하려면 우선 바른 자세와 알맞은 속도를 유지하는 게 중요하다. 비만을 해결하고자 한다면 속보로 걷는 것이 좋다. 빨리 걷는 것은 심장에 부담은 적게 주면서 심폐기능을 향상시켜 산소를 충분히 섭취할 수 있고 체내 지방질도 태워버리게 된다. 80~90cm의 보폭으로 시간당 6km의 속보로 꾸준히 걸어보도록 하자. 단, 운동 효과를 얻기 위해서는 규칙적으로 꾸준히 하는 것이 좋으며 신발은 가벼우면서도 조깅화보다 쿠션이 적고 바닥이 부드러운 것을 고르면 된다.

연세대학교 운동의학센터장 공인덕 교수는 걷기에 대한 10가지 조언을 잊지 않기를 당부한다. 의학적 위험인자를 가진 40세 이상의 경우 우선 전문 의사와 상의해야 한다. 전반적으로 심박수가 120회가 넘지 않는 저 강도로 시작하는 것이 좋다. 가능하면 매일 할 수 있는 본인만의 정기적인 시간대를 마련하고 체중 감소를 목표로 한다면 기간을 정하여 미리 계획하도록 한다. 적절한 기능성 복장과 손쉽게 구할 수 있는 가벼운 장비를 준비하고 운동 전후 스트레칭을 반드시 해야 한다. 20분 이상 걷기를 계획했다면 운동 전 후 꼭 물을 마시고 운동 중 몸에서 보내는 이상신호가 있다면 즉시 운동을 중지해야 한다. 나이가 있는 사람은 되도록 다른 사람들과 함께 걷는 것이 좋으며 제일 중요한 일은 걷기를 즐기라는 것이다.

우선 규칙적으로 걷기를 하게 되면 심장병을 예방할 수 있다. 걷기 운동은 심장의 기능을 개선시켜 심장마비 확률을 줄일 수 있다. 지방을 연소하는 효과가 뛰어나며 혈액순환을 원활하게 하여 심장병을 예방하는데 도움이 된다.

식습관에서 칼슘을 많이 섭취한다 하더라도 근육을 사용하지 않게 되면 칼슘이 빠져나가 뼈가 약해지기 쉽고, 심할 경우에는 골다공증까지 생길 수 있다. 특히 여성의 경우 폐경기 이후 골다공증이 생길 수 있으므로 근육에 무리를 주지 않는 꾸준한 걷기를 하면 골다공증을 예방할 수 있다.

걷기를 하게 되면 혈압을 감소 시킬 수 있는 도파민 호르몬이 증가하고, 혈압을 높이게 되는 카테콜라민 호르몬의 분비가 억제되어 혈액 순환이 원활하게 이루어져 성인병 예방에도 효과적이다. 과식이나 운동부족이 당뇨병의 원인이 된다. 그러므로 적당한 정도의 혈당을 소비할 수 있는 걷기를 하되, 무리한 운동은 오히려 부작용이 생길 수 있으이 자신의 몸 상태를 고려하여 적당한 걷기가 필요하다.

체중 1kg을 빼기 위해서는 7000kal 정도를 소비해야 한다. 비만을 예방하고자 하는 사람은 격렬한 운동보다는 걷기와 같은 편안한 운동으로 장시간 하는 것이 효과적이다. 근육의 수축과 이완이 반복되어 고혈압을 개선하는데 효과가 있고, 걷기를 통해 뇌에 적당한 자극을 주게 되므로 자율신경계의 작용을 원활하게 하여 스트레스를 해소하는데 도움이 된다. 이러한 적당한 스트레스 해소는 각종 정신질환 계통의 병들을 예방할 수 있게 되고 심장병, 골다공증, 성인병, 당뇨병, 비만, 고혈압 등을 예방하고 스트레스를 해소할 수 있다.

가난했지만 아주 건강한 한 농부가 있었다. 그러나 그는 부자가 되고 나서는 몸도 비대해 지고 게을러졌을 뿐만 아니라 원인을 알 수 없는 온갖 병에 시달리게 되었다. 부자는 몸에 좋다는 보약은 다 구해 먹어보기도 하고 훌륭한 의사의 치료도 받아 보았지만 증세는 조금도 나아지지 않았다. 그러던 어느 날 아주 먼 이웃나라의 한 고명한 의사가 그와 같은 증세의 병을 잘 고친다는 말을 듣고 그는 자신의 증세를 자세히 적은 편지를 띄우게 되었다. 그리고 얼마 후 그 의사로부터 다음과 같은 답장을 받게 되었다.

"당신 몸 속에는 지금 무서운 벌레가 살고 있소. 나에게 그 벌레를 죽일 수 있는 특효약이 있으니 이리로 오기만 하면 당신의 병을 고칠 수 있소. 마차를 타면 덜컥거리는 통에 벌레가 놀란 나머지 몸 속에서 소동을 벌여 당신은 죽게 되니 꼭 걸어서 와야 합니다."

이 편지를 받고 놀란 부자는 먼 길을 걸어서 의사에게 도착했다. 그 때 그의 고질병은 이미 다 나아버려서 특별한 약을 먹을 필요가 없게 되었다.

17
마음이 쉬고 싶을 때 하는 일

우리는 살아가면서 얼마나 많은 것들을 놓치고 사는가. 하지만 우리가 삶에서 놓친 것들을 소중히 여기고 잘 가꿔서 글을 통해 누군가와 소통할 수 있다는 것은 매우 의미있는 일이다.

학창시절 매우 심취했던 한 소설가의 작품들이 있었다. 그의 소설을 읽노라면 '어찌 이렇게 내가 생각하고 있는 것들을 디테일하게 관찰하여 정리해 놓았을까?' 하면서 더더욱 그의 책 속으로 빠졌던 기억이 난다.

글쓰기는 생각 창고에서 나오는 것들을 옮겨 놓는 작업이다. 글은 작가만이 쓸 수 있는 것이 아니라 자신만의 노트에 혹은 블로그에 생각들을 정리하는 것이라고 보면 된다. 그런 의미에서 어찌보면 우리 모두가 작가일 수 있으며 다만 출판계 혹은 문단에 등단했느냐 그렇지 않느냐의 차이일 뿐이다.

때로 누군가는 내가 쓴 글로 인해 용기를 얻을 수 있고, 새로운 인생을 경험할 수도 있고, 자신만의 인생을 새롭게 설계해 볼 수도 있을 것이다. 그러므로 글쓰기 작업을 막연히 어렵게만 생각하지 말고 평소 생각한 것들을 잘 정리해 두면 된다. 중요한 것은 생각이다. 어떠한 상황을 보고 그저 상황으로만 지나치게 된다면 글은 쓰여지지 않을 것이다.

글을 잘 쓰기 위해서는 자신이 생각하는 바를 타인에게 이해하기 쉽게 표현하는 것부터 출발한다. 그리고 책을 많이 읽는 것과 글을 많이 써 보는 것, 그리고 많은 생각들을 하는 것에서 시작된다. 많이 읽고, 많이 쓰고, 많이 생각하다 보면 어느 순간 당신만의 글쓰기 노하우가 생겨날 것이다.

우선 책을 읽는 과정을 즐겨야 한다. 어린시절에는 동화책 읽기가 있었다. 청소년 시절에는 하이틴 로맨스나 소설류가 있었다. 대학생이 되었을 때는 전공서적이나 자기계발서를 많이 접하게 된다. 취업을 하고 사회생활을 하다보면 업무와 직간접적으로 관련된 분야 혹은 자신만의 관심분야로 눈을 돌리게 된다.

A회사 직원은 회사에서 제공한 '문화카드'를 가지고 있다. 회사에서 분기마다 15만 원씩을 넣어주면 책을 사든, 영화를 보든 마음대로 써도 되는 카드다. 그 외의 사용처에서는 결제가 안되므로 직원들은 주로 서점이나 극장에서 이 카드를 사용한다. 그런데 3개월 동안 15만 원이라는 돈을 다 쓰지 못하는 직원이 많다는 사실이다. 한 절기 동안 15만 원어치의 책도 읽지 않는다는 부끄러운 결론을 내기

전에 왜 문화비를 쥐고도 소비하지 못하는가를 짚고 넘어가야 한다. 대다수의 고민은 무슨 책을 읽어야할 지 잘 모르겠다는 것이다.

해답은 여기에 있다. 무엇을 읽을 것인가에 대한 것은 아무래도 관심 분야다. 현재 자신이 하고 있는 일과 향후 목표하고 있는 일에 포커스를 맞추다 보면 좀 더 전문적이고 세분화 된 책들을 읽을 수 있다. 그 다음 요즘 화제가 되고 있는 베스트셀러를 읽는다. 간혹 어떤 사람들은 베스트셀러는 무조건 읽지 않는다고 얘기하는 사람도 있다. 그러나 이슈가 되는 책들은 다 그럴만한 이유가 있다. 그러니 시대적 의사소통을 위해서라도 읽어두면 다 자양분이 된다.

또 조선, 중앙, 동아일보, 경제신문 등에서 주 1회 책을 다루는 섹션면이 있다. 이곳에서 눈에 띄는 책을 찾아보거나 한국간행물윤리위원회에서 주 1회 보내주는 레터를 살펴보면 언론이 주목한 책들도 살펴볼 수 있다.

그런 다음 일주일에 한번, 혹은 2주에 한번씩 대형서점에 들러보자. 새로 나온 신간들을 볼 수 있다. 저자, 목차, 구성 등을 대략 파악하고 좀 더 정독이 필요한 책이라면 직접 구입해서 읽어 본다.

그러나 대다수의 사람들은 책은 바쁘기 때문에 잘 읽지 못한다고 말한다. 그러나 그것은 핑계에 불과하다. 마음의 여유가 없는 것이지 책을 읽을 시간이 없는 것은 아니다. 책을 읽는다는 것은 별도의 시간을 내어 공부하는 것이 아니다. 시간을 쪼개어 활용하면 된다. 예를 들어 대중교통 안에서, 화장실에서 혹은 밤에 잠이 오지 않을 때, 약속장소에서 누군가를 기다릴 때 등 말이다. 이렇게 한 권의 책을 다 읽고 나면 또 다른 주제나 분야를 찾아 읽기를 반복하면 되는 것이다.

이런 과정들을 반복하다 보면 책 읽는 것에 부담을 느끼지 않을 수 있고, 여분의 시간을 활용할 수 있다. 책 읽기는 밥 먹기와 같은 일상적인 일이고 습관이다.

그리고 책이나 영화 등을 보고 나면 생각을 기록하여 사람들과 그 주제를 가지고 토론하는 것도 좋다. 이 모든 것이 자신과 소통하는 즐거움이고 타인과 함께 나누는 지식 공유이다. 그러므로 자신이 읽은 책은 가급적 요약 정리를 하자.

러시아 과학자 알렉산드로비치 류비세프는 70여권의 학술 서적과 수만장에 이르는 연구논문, 수천권의 소책자를 남겼다. 그는 책을 읽을 때마다 매우 꼼꼼하게 요약정리를 해두었는데 그 결과, 엄청난 자료를 보유하게 되었고 이러한 예비 원고를 미리 가지고 있었기 때문에 출판이 필요할 경우 이를 바탕으로 매우 신속하게 원고를 집필했다.

세상을 뒤흔든 위인들은 한결같이 메모광이었다. 링컨은 모자 속에 항상 종이와 연필을 넣고 다니며 남들에게 들은 말이나 문득 떠오른 생각들을 기록하는 습관을 가지고 있었다. 물론 정규 학교에 다녀본 적 없는 그였지만 이러한 습관 덕분에 훌륭한 정치가가 될 수 있었다.

다산 정약용은 유배지에서 18년이라는 시간을 고난의 세월로 보냈다. 그러나 자신만의 독서 노하우를 메모하면서 500여 권이나 되는 방대한 저술을 남기게 되었다. 에디슨도 마찬가지다. 그는 신문 예찬론자로 유명했는데 신문은 날마다 새로워지는 정보와 지식의 보고이기 때문에 사람이 성장하려면 매일 정보라는 영양소를 섭취해야 한다고 생각했으며 이를 통해 습관적 메모광으로도 유명하다.

이처럼 무언가를 기록한다는 것은 집중력과 관찰력, 사물을 이해하고 판단할 수 있는 능력이 생긴다. 또한 이를 통해 새로운 것을 창조해내 낼 수 있는 창의력도 생긴다. 역사상 가장 위대한 천재로 꼽히는 레오나르도 다 빈치는 기록을 통해 불멸의 화가, 수학자, 조각가, 해부학자, 지질학자, 물리학자, 식물학자, 건축가 등 다양한 분야에서 천재적인 능력을 보였다.

안철수 카이스트 교수는 하루에 A4용지 서너장씩 메모하는 것으로 유명하다. 그는 생각이 나면 메모하고 그 메모를 한데 묶다 보니 책이 되었다고 말한다. 그는 독서광이자 메모광인데 생각나는 것을 기록하는 것뿐만 아니라 책을 읽을 때에도 반드시 메모를 한다.

우선 핵심 단어만 메모를 하거나 순간적인 느낌만 메모한다. 원문은 절대 인용하지 않고 자신만의 생각이나 체험으로 소화시키고 개념화하여 그 핵심 단어에 대한 자신만의 해석이 나오게 된다. 그의 성공 비결은 다름아닌 독서와 메모에 있었다.

우선 읽고 난 책에 대해서 간략하게 요약 정리한다. 한걸음 더 나아가 자신만의 생각과 경험 등을 덧붙여 메모해 둔다. 그리고 요약 정리를 하면서 기본적으로 중요한 개념들은 따로 정리하여 개념 카드를 만들자. 개념 카드와 요약 정리를 되풀이하여 읽으면서 자신이 쓰고자 하는 주제와 관련하여 우선 글쓰기를 시작해 보는 것이다.

단 글쓰기는 이해타산을 목적으로 쓰는 것은 바람직하지 않으며 자신의 의견이 틀릴 수도 있다는 생각을 하면서 써야 한다. 내 생각이 맞아서 이를 널리 알리기 위해 혹은 잘난척 하기 위해 글을 쓰는 것이 아니라 각자의 생각이 이 사회의 다양성에 기여하고 중요한 사안들은 다시 논의의 장으로 끌어 낼 수 있는 것이 바로 글쓰기의 주요 핵심이다.

안철수 교수는 그 동안 자신이 읽었던 모든 책들은 자신에게 영향을 미쳤다고 말한다. 책 속에는 그 책을 쓰기까지의 저자의 고민한 흔적, 시행착오, 노력 등이 담겨 있기 때문에 세상 모든 지혜는 책 속에 있다고 믿는다. 이러한 이유 때문에 그가 영향을 받은 책은 간접적인 관찰을 통해 얻을 수 있는 지혜의 창고라 할 수 있다. 따라서 시간이 없다는 핑계로 책 읽기를 소홀히 하지 말고 여분의 시간을 십분 활용하여 독서와 자신만의 메모법으로 생각, 사고, 관찰, 기억, 비판 능력 등을 키울 수 있는 좋은 습관과 취향을 가져보는 것도 멋진 삶이 될 수 있다.

한 해를 시작할 때 다이어리와 수첩을 구입하는 일은 내게 연중행사다. 일명 살인마 노트라 불리우는 그 수첩 속에는 깨알 같은 글씨로 무언가 빼곡히 적혀 있다. 오랜 행동 양식이자 습관이다. 그 습관이라는 것은 참 무서운 것이다. 항상 일정한 방향대로 움직이고 그에 따라 행동하기 때문이다. 그 행동은 바로 '나'라는 사람을 의미하는 메시지기도 하다.

좋은 습관은 좋은 행동을 낳는다. 자연스럽게 책을 접하는 습관, 적은 시간이라도 책 읽기를 하는 습관, 자신만의 생각과 핵심적인 단어들을 메모하는 습관, 이러한 습관들이 10년 이상 쌓이게 되면 당신은 자신만의 분야에서 반드시 성공할 수 있는 아웃라이어가 될 것이다.

18
누군가의 기억 속에 특별한 사람으로 각인되는 것

우리가 인생을 살아가는데 있어 중요한 것들이 참 많다. 그 중에서도 특히 사회적 관계를 맺거나 인간관계를 맺을 때 가장 중요한 것은 이미지다. 이미지는 상, 표상, 심상 등을 표현하는 사전적 의미로 시각 상, 기억, 인상평가 및 태도 등의 총체로서 사람과 사물에 특정한 감정을 갖게 하는 포괄적 영상이다.

이러한 이미지는 어떤 대상에 대한 평가로 감정이 작용한다는 점에서 주관적인 속성을 지니고 있다. 또한 개인의 내적 정신작용에 의해 만들어지기 때문에 본질적으로는 독자성을 갖는다고 볼 수 있다.

타인에 대한 인상은 그 사람의 외모, 행동, 상황 또는 사건의 맥락을 통해 형성되며, 초기 접촉 상황에서 외모는 대인지각에 영향을 주는 중요한 요소라고 할 수 있다. 지각자는 타인에 대한 인상을 형성할 때 여러 가지 단서를 사용하게 되는데 이때 사용되는 단서로는 신체적 외모와 비언어적 의사소통이 있다.

신체적 외모는 즉각적 판단에 대한 첫 단서로써 사람의 체격, 체형, 얼굴, 건강상태 등이며 그 외에 복장, 메이크업, 안경과 같은 액세서리, 체취나 향수 같은 요소들이 인상형성에 영향을 미치게 된다. 두 번째 단서인 비언어적 의사소통은 의사 언어, 몸짓, 눈길 등을 말한다. 대인지각에 영향을 미치는 이러한 개별적 요소들은 서로 혼합되어 결국 그 맥락에 따라 하나의 이미지로 형성된다. 외적으로 보여지는 이러한 단서들은 개인의 다양한 내면적 성격 특성까지도 추론할 수 있게 해준다.

우리는 하루에도 수많은 사람들을 접하며 살고 있지만 경우에 따라서는 단순하고 일시적인 접촉인 경우가 많다. 이러한 짧은 만남들을 겪으면서 순간적이고 단순화된 판단으로써 상대방의 첫인상을 형성하게 되는 경우가 일반적이다.

첫인상은 처음 대면하는 극히 짧은 시간에 상대방에 대한 평가와 결론을 내리는 것으로써 처음 대하는 사람에 대해 갖는 최초의 이미지며 타인에게 자신을 개방하는 최초의 단계이기도 하다. 이러한 첫인상에는 몇 가지 효과가 있다. 첫째, 부정성 효과다. 부정성 효과란 그 사람이 가지고 있는 긍정적 특성보다 부정적 특성이 한 사람의 인상을 결정하는 데 더 지배적이라는 것이다. 장점이 많아도 어떤 한 가지 단점때문에 전체적으로 부정적인 평가를 받게 되는 것이다. 반대의 경우는 긍정성 효과다.

둘째, 인지적 구두쇠 효과다. 인지적 구두쇠 효과란 사람들이 일반적으로 자신의 주변을 인식하려는데 가능하면 많은 노력을 들이지 않으려고 하는 것이다. 결국 즉각적인 판단으로 첫 인상을 결정하게 된다. 따라서 첫 만남에 승부를 걸어야 하는 이유는 상대방이 여러 번의 기회를 주지 않기 때문에 매 순간마다 첫 인상에 최선의 노력을 기울여야 한다.

첫 만남에서 중요한 것은 인사다. 특히 온정주의 문화를 가진 한국 사람들에게 가장 좋은 인사법은 악수다. 시선을 맞추고 손의 따뜻한 온기가 상대에게 전달될 때 친근함과 편안함을 갖게 된다. 이처럼 악수는 첫인상을 나타내는 중요한 신체 접촉 중 하나다. 때와 장소, 상황에 따라 허리를 숙여 인사하는 것 외에도 흔히 악수로써 인사를 대신하는 경우가 많다. 악수는 상대의 열정, 진실성, 신뢰감 등을 느끼게 해준다. 그러나 악수를 할 때 기본적인 에티켓이 있다. 우선 악수에는 서열이 있다. 손윗사람이 손아랫사람에게, 상급자가 하급자에게, 기혼자가 미혼자에게, 선배가 후배에게, 여성이 남성에게 먼저 악수를 청할 수 있다. 그런 다음 눈맞춤이 있어야 한다. 처음 악수를 주고받을 때 서로에게 시선을 마주한 후 가벼운 눈인사와 목례를 하면서 좋은 표정과 미소도 동반해야 한다. '만나 뵙게 되어서 반갑습니다'라는 의미다.

가장 중요한 것은 힘이 있어야 한다. 손에 아픔이 올 정도로 강하게 힘을 주는 것은 상대에게 실례가 된다. 적당한 힘은 자신감과 확신, 그리고 관심과 존경의 의미를 전달해 줄 수 있다. 마지막으로

리듬을 타야 한다. 먼저 악수를 건넨 사람이 손을 흔들게 되며 악수를 건네 받은 사람은 가볍게 흔들어 주면 된다. 악수를 하면서 너무 심하게 위 아래로 흔드는 것은 상대방에게 자칫 가벼운 사람이라는 인상을 줄 수 있으니 신뢰감을 형성하는 데에는 완급 조절이 필요하다.

이제 식사 테이블로 자리를 옮겨보자.

식사 테이블에서 가장 주의를 기울여야 하는 것은 우선 '쩝쩝'거리는 소리를 내면서 식사하는 것, 수저와 젓가락을 동시에 들고 식사하는 것, 식기와 기물을 달그락 거리며 식사하는 것, 허겁지겁 음식물을 섭취하느라 주위에 음식물을 흘리며 식사하는 것 등이다.

특히 의자에 앉을 때나 일어서서 나올 때는 소리가 나지 않도록 주의해야 하며 테이블에서는 팔꿈치를 지나치게 옆으로 뻗지 않도록 하고, 테이블 위에 팔꿈치를 올려놓지 않는 것이 기본이다. 부득이 식사 도중 일어나야 할 경우에는 '잠깐 실례하겠다'는 인사를 하고 계속 식사할 것을 권한다.

만일 식사 도중 이물질을 발견했을 경우에는 조용히 제거한 후 계속 식사하도록 한다. 식사 도중 조미료가 손에 닿지 않는 곳에 있으면 옆 사람에게 부탁해서 건네 받도록 하고 식사 중 젓가락, 수저, 포크, 나이프 등이 떨어졌을 경우에는 직접 주워서 사용하지 말고 웨이터를 불러 새로운 기물을 요청하면 된다. 이 외에도 테이블에서는 머리를 긁지 않으며 손수 식기를 치우거나 움직이지 않는다.

입안에 음식물이 있는 경우에는 음료를 마시거나 음식물을 먹지 않으며 오른손으로 식사하는 동안에 왼손으로 접시를 에워싸지 않는다. 식사 속도는 다른 사람들과 보조를 맞춰야 하며 대화 도중 웨이터의 서비스를 받을 때에는 대화를 일시 중지하는 것이 바람직하다. 웨이터가 음식을 가져오면 "고맙습니다" 혹은 가벼운 목례를 하는 것이 좋고 서비스 하는 도중에는 가급적 질문하지 않고 끝난 후에 하는 것이 좋다.

식사 중에는 대화를 하면서 천천히 음식을 먹거나 조금씩 먹는 것이 요령이다. 식탁에서 주위 사람들과 자연스럽게 대화를 하고, 멀리 떨어져 앉은 사람과는 큰 소리로 대화하지 않는다. 식사 도중 먼저 화제를 꺼내거나 상대로부터 질문을 받았을 경우에는 손에 쥐고 있는 스푼, 나이프, 포크 등을 잠시 내려놓은 뒤 대화를 하는 것이 바람직하다.

상대방이 음식을 먹고 있을 때에는 되도록 말을 걸지 않으며 자신에게 말을 걸었을 경우 입안에 음식물이 있을 때 대답하지 말고 음식을 삼킨 후 "실례했습니다"라고 양해를 구한 뒤 답변 한다. 특히 모두가 함께 식사하는 테이블에서 혼자만 대화를 주도하지 않도록 유의하며 여러 사람이 함께 대화할 수 있는 분위기를 조성하도록 배려하고 다른 사람의 이야기를 잘 경청하는 것이 매우 중요하다.

대화를 나눌 때에는 자연스럽고 알맞은 화제로 대화해야 한다. 그곳에 참여한 모든 사람이 함께 관심을 모을 수 있는 화제를 선택하고 상황과 적절히 맞는 일관성 있는 화제로 이어가는 것이 좋다.

특히 대화 시에는 목소리의 크기와 말의 속도가 매우 중요하다. 목소리 크기와 매너 지수는 서로 반비례한다는 것을 명심하자. 대화 시에는 볼륨을 낮추고 지나치게 말이 빠른 경우에는 상대방이 대화에 집중할 수 없게 되므로 적당한 속도로 대화하는 것이 매우 중요하다. 때에 따른 적당한 유머는 대화를 이어가는 데 매우 중요한 역할을 한다. 그리고 대화를 할 때는 상대방의 미간, 눈, 인중 등 시선을 골고루 분산시켜 자연스러운 시선으로 듣는 것이 좋다. 혼자 아는 척, 잘난 척 하면서 나서지 말고, 타인의 비밀이 되는 것, 불편한 화제 등은 대화 주제로 꺼내지 않는 것이 좋다. 중간에 상대방의 말을 가로채지 말고 풍부한 화제로 대화하고 진실한 내용으로 말하는 것이 좋다. 외국어나 어려운 전문용어 등은 삼가고 친한 사이일수록 더욱 예의를 갖춰야 한다.

이 외에도 이미지를 차별화 시키는 방법 중 하나는 바로 선물이다. 평소 관심과 고마움에 대한 표시를 할 때나 특별한 날 마음을 표현하고자 할 때 이용한다. 선물은 받는 사람과의 관계를 잘 생각해서 선물을 보내는 것 자체가 적당한 것인지, 선물을 전달하는 시기, 선물의 내용, 가격이 적절한 것인지, 선물을 받는 사람의 기호에 맞는 것인지를 신중하게 고려하고 결정해야 한다.

특히 물건을 산 가게에서 택배 등을 이용해 직접 상대방에게 보낼 때는 사전에 편지나 카드를 준비해 함께 보내달라고 요청하는 것이 좋다. 특히 음식이나 식품의 경우에는 운반 및 보관, 유효기간 등을 주의해야 하므로 당일 배달될 수 있는 퀵서비스를 이용하는 것이 편리하고 수월하다. 선물에 대한 최고의 답례는 상대에게 기뻐하는 모습을 보여주는 것이다. 부득이한 상황이 아니라면 받은 즉시 즉석에서 선물을 개봉해 고맙다는 표현과 인사를 해야 한다. 반면 우편, 택배 등을 통해 선물을 받았다면 받은 즉시 전화, 편지, 이메일 등으로 고마움의 뜻을 가능한 빨리 전해야 한다. 단 답례를 해야 하는 상황이라면 곧바로 하지 말고 10일 이상 시간이 조금 지난 다음, 답례하는 것이 좋다. 즉각적인 답례는 상대에게 자칫 사무적이라는 인상을 심어줄 수 있기 때문이다. 때와 상황에 따른 선물의 종류는 매우 다양하다.

우선 추석과 명절에는 가장 일반적으로 상품권, 커피, 홍차, 전통차, 명절날 모든 가정에서 필요로 하는 참기름, 샐러드유 등의 조미료 세트, 일반적인 세제, 비누, 치약 등의 생활필수품, 애주가에게는 민속주, 와인, 명절 음식 준비에 도움이 될 수 있는 육류, 생선, 굴비, 과일, 특정한 지역에서만 구할 수 있는 산지 직송품 등이 있다.

결혼 선물의 경우 결혼식에 참석할 수 없거나 축의금이 적었을 경우에 선물로 대체한다. 결혼식 당일에는 복잡하고 번거로우니 청첩장을 받은 후 미리 직접 전달하거나 결혼 후 소식을 알게 되었다면 축하의 의미로 결혼식이 끝난 후에라도 전달한다. 결혼 선물은 회사 동료, 친구, 학교 선후배 등 여럿이 함께 모여 준비하는 것이 효율적이다. 십시일반으로 모은 금액으로 가전제품 혹은 가구와 같은 고가품 등을 선물할 수 있기 때문이다. 그리고 생활에 필요한 필수 항목 중 실용성이 높지만 직접 구입하지 못한 것들을 준비한다. 이때 상대에게 꼭 필요한 물건이 있는지 물어보고 적절한 예산비용 내에서 원하는 것을 준비해서 줄 수 있다. 토스터기, 커피메이커, 믹서, 소형청소기 등의 소형가전 제품이나 부부 찻잔세트, 벽시계, 부부 앞치마 세트 등 생활 인테리어 소품 등이 있다.

출산 선물의 경우 생후 7일에서 한 달 이내에 택배를 이용해 선물하는 것이 좋다. 역시 고가의 제품인 아기 침대나 유모차 등은 여럿이 함께 모여 준비하는 것이 효율적이다. 일반적으로 출산 선물은 아기 옷, 종이 기저귀, 가제 손수건 등의 아기 소모품, 아기용 식기, 자연 소재의 나무 장난감 등이 있다. 또는 아기 엄마에 대한 수고로움을 선물로 표현해도 좋다. 기념이 될 만한 액세서리(목걸이, 스카프), 기저귀 가방, 아기 띠, 포대기 등이다.

이제 당신은 선물을 하기 전 왜 선물을 해야 하는지 무엇 때문에 선물을 해야 하는지 알고 선물해야 한다. 아무런 생각 없이 선물을 하게 되면 돈은 돈대로 쓰면서 상대에게는 기쁨을 주지 못하게 된다. 이왕 하는 선물이라면 상대의 취향을 잘 파악하여 플러스 알파의 인사말과 함께 건네도록 하자. 선물만 건네는 것보다는 "당신을 생각하면서 샀어요, 마음에 드셨으면 좋겠네요"라고 메시지를 전달하게 되면 상대는 분명 당신에 대한 좋은 이미지를 갖게 될 것이다.

타인과는 다른 차별화 된 이미지를 주는 것은 그리 어려운 일이 아니다. 조금 더 신경쓰고 배려하면 된다. 지나치게 오버스럽지 않고, 주위 사람들과 즐겁게 어울리며, 세심한 관찰력으로 상대의 기호를 잘 알아차리면 된다. 화려한 외모나 겉모습이 아닌 내면에서 진심으로 우러나오는 말 한마디와 행동 하나 하나가 모여 당신의 이미지를 결정하게 된다. 차별화 된다는 것은 튀는 것을 의미하는 것이 아니라 상대의 인식 속에 '특별하게' 각인되는 것을 말하기 때문이다.

19
9회말 2아웃

주말 오후 프로야구에 열광하는 사람들을 보면서 어떤 생각을 하는가. 월드 베이스볼 클래식(WBC) 이후 야구에 대한 관심도가 남녀노소 모두 매우 높아졌다.

프로야구 게임의 법칙, 각 구단의 게임 운용, 감독의 용병술, 선수들의 플레이 등을 보고 있노라면 야구는 우리의 인생과 참 많이 닮아 있다. 매 경기마다 한편의 인생드라마를 보는 듯한 느낌이 든다. 위기 뒤에는 반드시 찬스가 온다는 그 흐름의 미학 때문이다. 찬스는 4번 타자의 쭉 뻗는 홈런에서 올 수도 있지만 상대의 어이없는 실책 하나 때문에 말도 안 되게 흐름이 뒤집혀버리는 경우도 있다. 나만의 필 살기로 승부를 해야 하는 순간이 있는가 하면 보내기 번트, 희생플라이, 고의사구처럼 현재를 희생해 뒷일을 도모해야 하는 순간도 있다.

투수는 타자를 끊임없이 속이고, 타자는 그 속임 안에서 타이밍을 잡아채야 한다. 경기가 진행되는 동안 한 순간도 긴장의 끈을 놓을 수가 없다. 매회 매 순간 어떤 실투가 어떤 스윙이 어떤 수비 실수가 경기 전반을 망쳐버릴지 모를 일이기 때문이다.

우리는 매순간 9회말 2아웃에 놓여있다. 물론 7회쯤 굳히기 타점을 뽑아내고 느긋하게 인생을 즐기고 있는 사람도 있겠지만 대체로 그러하지 못하다. 온갖 찬스와 시련을 반복해 오며 어찌어찌 경기를 끌어오기는 했지만 그 사이 사랑에 지치고, 희망에 배신 당하고, 냉혹한 사회에 당황하면서 몸과 마음도 만신창이가 되어 9회 말에 들어선다.

첫 번째 타석은 주춤거리는 사이 놓쳐버렸고, 두 번째 타석은 성급하고 무모한 스윙으로 허무하게 날아가 버렸다. 이미 체력도 바닥이 났고 놓쳐버린 수많은 찬스를 무위로 돌려버린 후회가 머릿속을 온통 어지럽힌다. 전 회에 맞은 데드볼로 타석에 바짝 다가서기조차 두렵지만 그렇다고 희망을 버릴 수도 없는 노릇이다. 100% 희망이 없어질 때까지 포기할 수 없는 것이 야구이고, 100% 희망이 없어졌다 해도 살아야 하는 것이 인생의 잔인함이기 때문이다.

그러나 절대 자책하거나 포기하지 않는 것이 맞다. 9회말 2아웃에서 만루 홈런을 날리면 경기는 어느새 역전이 된다. 홈런은 어디에서 오는가. 볼의 배합을 읽고 기다리고 준비한 타자에게 반드시 온다. 그래서 우리의 인생도 끝나기 전에는 끝난 게 아니다. 9회말 쓰리아웃이 되어야 끝나는 것이다.

인생을 살다보면 언제나 이기는 사람이 이긴다. 그러나 보통 사람에게도 행운이 따를 때가 있다. 야구에서는 이것을 텍사스 안타라고 한다. 텍사스 히트(Texas-hit) 즉, 빗맞은 타구가 내야수와 외야수의 어느 선수도 잡을 수 없는 3각 지대 한 가운데 떨어지는 안타다. 1880년대 말 텍사스리그에서 이런 안타가 많이 터져나왔는데 1890년 인터내셔널리그 소속 톨레이도의 아트 선데이 선수가 이런 안타로 결승점을 올리자 톨레이도의 지방신문에서 '또 하나의 텍사스리그 안타가 터졌다'고 제목을 달면서부터 유행어가 된 것이다. 중요한 건 행운이 준 기회를 놓치지 않는 것이다. 그때 필요한 것은 바로 자신감이다.

야구의 신이라고 불리우는 SK와이번스 김성근 감독은 야구는 모든 게 상황이므로 안될 때는 무슨 수를 쓰더라도 안 된다는 것이다. 조급증을 갖지 말고 여유 있게 하나씩 하나씩 풀어나가야 한다고 말한다.

SK 야구는 '상황의 야구'다. 불펜, 선발이 좋을 때는 그대로 하고 그렇지 않은 상황일 때에도 그 상황에 맞게 플레이 한다. 중요한 것은 큰 결과는 아주 사소한 작은 것에서부터 시작된다는 것이다. 이는 인생을 살아가는데 있어서도 마찬가지다. 어떤 문제 상황에 직면하게 되었을 때 안에서 그 문제를 발견해 내고 긍정과 부정에 대한 판단을 정확하게 내린 다음, 새로운 돌파구를 찾아내기 위한 노력으로 변화를 시도해야 한다.

김감독은 선수들에게 야구를 즐기라고 말한다. 즐거우면 귀와 마음이 열리게 되고 더 잘해 보기 위해 스스로 노력하게 된다. 누군가를 이겨야 한다고 생각했다면 그렇게 오랫동안 많이 뛰지 못했을 것이라고 말한다. 인생에는 시작만 있을 뿐 끝이란 건 없다. 하나를 이뤘다고 해서 거기에 만족하면 거기에서 발전이 멈춘다. 작은 것에 만족하지 말고 더 높은 목표를 향해 모든 것을 걸으라고 당부한다.

SK와이번스에는 매 경기가 끝날 때마다 그날 있었던 경기에 대한 자신만의 노트를 정리하는 가득염 투수가 있다. 오키나와 캠프에서 적은 그의 노트에는 '큰 나무엔 가시가 없고 가지도 적다. 그러나 작은 나무일수록 가시가 나고 가지도 많아진다. 자신감을 갖고 크게 가는 사람은 주변을 둘러볼 필요가 없다. 여기저기 신경을 많이 쓰고 휘둘리는 사람은 자잘하게 자랄 수밖에 없다. 기회는 언젠가 분명히 온다. 내 것을 확실히 만들어 놓고 기다리고 있어야 한다. 처음 가졌던 목표를 마무리 지어 놓지 않으면 기회가 왔을 때 허둥댈 수밖에 없다. 연습량이 많다고 만족하지 마라. 양이 문제가 아니라 그 속에서 내 것을 찾고 만드는 것이 중요하다. 포기는 한번 하고 나면 버릇이 된다. 할 수 있을지 걱정하지 말고, 된다고 마음먹고 부딪혀라' 살짝 엿본 그의 노트에서 야구는 일상에서 우리가 생각하고, 마음먹고, 행동하는 모든 것들이 담겨 있다.

이제 스포츠는 비단 야구뿐만 아니라 모든 경기에서 남성만의 전유물이 아닌 여성들도 함께 즐기며 어울릴 수 있는 스포츠 산업 및 문화가 형성되었다. 김종 한양대 스포츠산업학과 교수는 이제 여성들도 스포츠를 즐기며 관람하는 문화를 정착시키기 위해서는 여성 관중을 타깃으로 한 지속적인 마케팅시장 확대가 이루어져야 하고 여심을 잡는 자가 스포츠시장을 점령할 것이라고 말한다.

'W세대' 소녀들이 17세 이하 월드컵 축구에서 우승했고, 1960년대 박신자를 앞세운 세계농구선수권 준우승, 이에리사, 정현숙 콤비의 사라예보 대첩, 여자 배구의 구기 사상 첫 올림픽 메달 획득은 한국 스포츠산업 측면에 큰 영향을 끼쳤다.

미국 LPGA 명예의 전당에 가입한 박세리의 성공은 한국 골프의 대중화에 이바지했다. 김연아의 밴쿠버 올림픽 금메달도 경제적 파급효과를 몰고 왔다. 그에게 매료된 팬들이 비인기 스포츠였던 피겨를 관람하고 '제2의 김연아'를 꿈꾸는 어린 아이들이 빙판을 메우고 있다. 이러한 피겨스케이팅산업 성장효과만 2조원이 넘는다. 선수 한 명의 활약으로 경제적 효과는 물론 스포츠 종목의 저변 확대까지 기여하는 것이 바로 스포츠의 힘이다.

또 다른 트렌드는 이제 관람 문화에서의 우먼 파워다. 프로야구는 여성 팬이 없다면 요즘 같은 인기를 누리기 어렵다. 여성 팬은 혼자보다 친구·가족·동료와 함께 경기장을 찾기 때문에 여성 관중을 통한 관중 증가가 계속될 수 있다. 이러한 여성 관중의 증가는 각 구단의 여성 관중을 타깃으로 한 맞춤 마케팅의 결과다. 두산은 한국 프로야구 최초로 여성 팬을 위한 핑크 유니폼을 제작했으며 '퀸스데이'를 지정해 여성 관중을 우대하는 날을 지정했다. 그 결과 퀸스데이(목요일)에 유입된 여성 관중 수는 다른 목요일 경기보다 13%나 증가했다. SK와이번스도 여성들을 위한 파우더룸을 설치하는 등 여자 우대 정책을 펼친 덕분에 여성 관중이 전체 관중의 40%를 차지했다. LG는 여대생을 대상으로 한 야구 특강 '여자가 사랑한 다이아몬드'를 진행하고 소설과 만화 형식을 빌린 야구 규칙 해설서 '볼수록 만만한 야구'를 출간해 여성 팬들이 야구를 알고 즐기며 관람할 수 있도록 하고 있다.

이러한 각 구단들의 스포츠와 엔터테인먼트 요소를 가미시킨 스포테인먼트는 이제 남녀노소 누구나 할 것 없이 모두가 함께 즐기고 어울릴 수 있는 문화의 장으로 발전되어 가고 있다.

TV에서 중계되는 모습을 시청하는 것도 좋지만 이제 시즌이 되면 소풍겸 나들이 겸 가족, 친구, 연인 등과 함께 관람하면서 응원하는 것도 매우 즐거운 일이다. 그 속에서 가족간, 연인간의 애정이 더욱 돈독해 질 수 있을 것이다.

주어진 상황에서 매 순간 끝까지 집중하고 기회를 노리는 자에게 역전 홈런은 터진다. 9회말 2아웃의 홈런 한방으로 상황을 역전시킬 수 있는 그 힘의 원천은 바로 준비된 자신감이다. 경기에 이기고 있다고 해서 이

긴 것도 아니고, 경기에 지고 있다고 해서 진 것도 아니다. 경기는 9회 말 쓰리 아웃이 되었을 때 완전히 끝나는 것이다. 경기가 끝날 때까지는 섣불리 속단하거나 샴페인을 터트려서는 안 된다.

마지막 순간까지 집중력을 잃지 않고 자신만의 페이스로 경기를 운용해 가는 것이 바로 프로선수만이 할 수 있는 것이며 인생이라는 불타는 그라운드에서 당신만의 멋진 플레이를 보여주기 바란다.

20
머리가 쉬고 싶을 때 하는 일

 워커홀릭은 아니지만 조직 내에서 정말 열심히 일하고 있는 한 지인에게서 전화가 왔다. 백화점에서 혼자 아이쇼핑을 즐기고 있다는 것이다. 그 연유를 묻자 주중 내 업무로 인한 스트레스 때문에 쇼핑이라도 하지 않으면 미쳐 돌아가실 지경이란다.

 사람마다 제 각기 일을 하면서 혹은 사람 때문에 받는 스트레스가 실로 엄청나다. 이때 당신만의 스트레스 해소법이 있다면 더할나위 없이 다행한 일이다. 가까운 근교 드라이브를 해도 좋고, 영화를 보거나 공연을 관람하는 것도 좋다. 특히 여성에게는 쇼핑만큼이나 제대로 된 스트레스 해소법은 없는 것 같다. 꼭 스트레스가 아니더라도 한달에 한두번씩 아이쇼핑을 즐기다 보면 요즘 트랜드나 패션 감각 등을 익힐 수 있다. 쇼핑나온 사람들을 구경하는 것만으로도 그 재미가 쏠쏠하다. 그러나 쇼핑을 하다보면 간혹 실랑이를 벌이는 연인 혹은 부부 등과 마주치게 된다. 무슨 이유에서일까. 바로 남녀간의 쇼핑 스타일 차이다.

　여성은 백화점을 몇 바퀴씩 돌면서 쇼핑하기를 즐긴다. 그러나 이러한 쇼핑을 남성들은 매우 질색한다. 그 이유는 남녀의 유전자 차이 때문이고 원시시대부터 서로 다른 방향으로 진화했기 때문이다.

　미국 미시간대 공중보건대학 다니엘 크루거 박사는 남성은 같은 색깔 양말 여러 켤레 가운데 가장 좋은 것을 골라내지 못하는 반면 여성은 신발 매장이 에스컬레이터의 북쪽에 있었는지 서쪽에 있었는지 잘 기억 못한다. 그의 연구에 따르면 남녀간의 이러한 차이는 여성은 채집, 남성은 수렵 활동을 하면서 생존한 진화론적 관점에서 해석된다. 즉 남녀가 식량을 구하는 방법의 차이가 현대에 와서 쇼핑 경험과 행동 방식 차이로 이어지고 있다.

　여성은 백화점 매장을 친구들과 어울려 돌면서 쇼핑을 즐기고 쇼핑 정보를 빨리 수집하여 물건의 소재와 색깔, 냄새 등을 따지는데 시간을 더 할애한다. 원시시대에 가장 좋은 열매를 따고, 못 먹는 풀을 가려내는 여성의 채집 방식이 현대에는 꼼꼼히 좋은 물건을 골라 바구니에 넣는 쇼핑방식으로 진화했기 때문이다.

　반면 남성은 마음에 드는 물건은 곧바로 사들이고 쇼핑을 빨리 끝내고 싶어 한다. 따라서 여성의 느린 움직임의 쇼핑방식을 이해하지 못한다. 그 이유는 남성들의 쇼핑 태도는 들판을 누비며 동적으로 사냥하던 수렵 방식과 사냥한 고기를 재빨리 집에 가져와 가족을 먹이던 심리가 녹아 있기 때문이다. 따라서 남녀의 다른 쇼핑 방식의 차이를 이해하게 되면 서로 다름을 인정하게 되고 가치를 존중할 수 있다는 점에서 쇼핑을 하는데 수월하게 의사소통을 할 수 있다.

그러나 남성에게도 배워야 할 쇼핑 비법이 있다. 쇼핑하는데 너무 많은 시간을 할애하지 않는 것이다. 마음에 드는 물건을 골라 재빨리 계산하고 매장을 떠나는 것이다. 인생에는 새 옷을 사는 일보다 중요한 일들이 더 많기 때문이다. 조금 오래된 옷을 입는다고 해서 인생이 크게 달라지지 않는다. 매장 점원에게 '정말 잘 어울리나요?'라는 질문도 매우 어리석은 행동이다. 손님에게 '아니요'라고 대답할 점원은 한 사람도 없기 때문이다. 때로는 쇼핑하는 것까지 꼭 남편이나 남자 친구와 함께 동행할 필요는 없다. 당신이 쇼핑을 즐길 동안 남자도 즐거울 권리가 있기 때문이다. 그러므로 때로는 함께하지 않아서 좋을 때도 있는 법이다.

반면 여성에게서 배워야 할 쇼핑 비법이 있다. 마음에 드는 물건은 망설이지 말고 구입한다. 다음날이 되면 그 물건을 다시 보지 못할 수도 있기 때문이다. 아울러 진정한 패셔니스트는 소품의 가치에 집중한다. 당신의 전체적인 옷차림에 변화를 줄 액세서리 구입한다. 센스 있는 옷 차림은 긍정적인 매력을 발산하고 잘 차려 입고 외모를 가꾸는 것은 아름다운 몸가짐을 가질 수 있게 해 주고 기분을 상승시켜 주는 효과를 가져다 주기 때문이다.

때로 쇼핑은 친목이다. 쇼핑하는 것은 단순히 물건을 구입하는 것이 아니라 가까운 사람들과 친분을 두텁게 할 수 있는 좋은 기회임을 잊지 않아야 한다. 아무도 살 것 같지 않은 괴상만측한 디자이너의 옷을 보며 깔깔거리며 함께 웃어 줄 사람도 때로 필요하다.

또한 상상하지 못했던 깜짝 세일 매장을 발견했을 때, 친구와 함께라면 그 기쁨은 배가 된다. 당신에게 어울리는 새로운 스타일을 찾을 수 있으며 혼자 힘으로는 도전하기 힘든 멋진 아이템을 조언해 줄 사람도 된다. 새 립스틱을 고르며 한 주간 있었던 재미난 얘기를 나눌 수 있고 새로 생긴 레스토랑에서 맛있는 음식을 맛볼 수 있고, 쇼핑이 끝난 후 분위기 있는 곳에서 칵테일 한 잔도 즐길 수 있다.

직장에서 죽도록 고생한 덕분에 멋진 핸드백을 살 수 있음을 깨우쳐 줄 사람은 당신 곁에 있는 친구뿐이다. 모자나 선글라스, 최신 유행 액세서리가 잘 어울리는지 판단해 줄 사람도 친구밖에 없다. 쇼핑 목록에 없는 충동구매를 저지해 줄 수도 있고 만약 쇼핑에서 아무것도 건지지 못했다고 하더라도 친구와 함께 시간을 보냈다는 것만으로도 충분히 성공적인 날이기 때문이다.

그렇다면 이제부터 쇼핑하는 노하우를 살펴보자. 동대문이나 보세에서 구입하자니 품질이 의심스럽고 백화점에서 사긴 해야겠는데 몇 십만원씩 하는 옷을 정상가를 다 주고 구입하기에는 너무 부담스러운게 요즘 고민이다. 계절에 맞는 옷 하나를 사려고 해도 백화점을 여러 바퀴 돌며 고민 하다가 돌아오기도 일쑤다. 정기세일이라고 해서 가보면 점찍어 두었던 예쁜 옷이나 신상품은 세일 제외거나 품절인 경우가 허다하다. 경기 불황 속 갖고 싶은 옷을 현명하게 그리고 알뜰하게 구입할 수 있는 방법은 무엇인지 살펴보자.

우선 백화점 정기세일과 상품권 사은품 지급행사를 노려보자. 이제 백화점은 예전의 백화점이 아니다. 정기세일 폭도 예전보다 훨씬 커졌고 정기세일이 아닌 때도 수시로 세일을 진행한다. 또한 세일할 때에도 평소 친한 매장에서는 조금 더 깎아달라고 조르면 5%~10% 정도를 매장 직원의 권한으로 더 할인해 주기도 한다. 이러한 백화점에서 더욱 알뜰하게 구입하는 방법은 첫째, 화장품은 파우치 세트를 끼워줄 때 구입하는 것이다. 보통 백화점 세일을 할 때 화장품은 거의 세일을 하지 않는다. 그러므로 백화점에서 화장품을 구입할 때는 사은품으로 파우치 세트를 끼워주는 행사나 백화점카드 회원용 5% 쿠폰을 잘 활용하는 것이 현명하다. 샘플 세트지만 실제 정품 대비했을 때 그리 적지 않은 용량이어서 20% 정도를 할인 받는 효과를 누릴 수 있다.

둘째, 백화점 카드를 이용한다. 요즘은 예전과 달리 제휴카드가 아닌 자사 백화점 카드를 이용했을 경우에만 사은품을 증정하는 게 대부분이다. 그리고 백화점 카드 고객만을 대상으로 5% 할인 쿠폰과 상시 할인 정보를 제공하고, 무이자 할부도 백화점 카드 사용시에만 가능하다. 그러니 자주 가는 백화점은 백화점 카드를 만들어 그 카드만 사용하는 것이 포인트도 쌓고 절약할 수 있는 방법이다.

셋째, 같은 브랜드라도 백화점 별로 비교해 본다. 쇼핑을 하기 전에 먼저 자신이 구입할 물건이 백화점 별로 어떻게 세일 하는지 알아본다. 같은 브랜드의 제품이라 하더라도 백화점에 따라 할인폭이 다를 수도 있고, 그 백화점 자체에서 준비한 사은품을 증정하기도 한다. 그러므로 자신이 사고자 하는 물건이 어느 백화점에 입점되어 있으며, 어떤 백화점에서 가장 저렴하게 판매하는지, 또 사은품을 증정하는 곳은 어디인지 인터넷과 전단을 이용해 충분히 비교 검토한 후 구입하는 것이 실패하지 않는 방법이다.

넷째, 사은품을 주는 백화점에서 구입한다. 똑같이 20만원어치 구입했을 때 A백화점에서는 여행용 트렁크를 주고 B백화점에서는 아무런 사은품을 받지 못한다면 당연히 A백화점으로 달려가야 한다. 또 요즘은 구입 금액의 7% 정도에 해당하는 상품권을 증정하니 추가로 그 만큼의 세일을 더 하는 것과 같은 효과를 누릴 수 있다. 그렇다고 해서 사은품을 받기 위해 억지로 물건을 많이 구입하는 것은 바보 같은 일이다. 사야할 것이 몇 가지 있다면 여러 백화점에서 구입할 물건을 기왕이면 세일도 하고 사은품도 증정하는 백화점 한 곳에서 구입할 수 있으면 좋은 것이다.

다섯째, 백화점 내 상설 할인 코너를 이용한다. 백화점 내에서도 그냥 매장에서 세일하는 것 이외에 큰 홀이나 코너를 이용해 세일 상품만을 따로 모아 판매하는 것을 볼 수 있다. 그리고 이렇게 한 층을 전체로 사용하지 않더라도 어느 백화점이든 층마다 행사 부스를 따로 마련하여 그 곳에서 항상 세일상품을 판매하므로 좋은 품질의 제품을 저렴하게 구입하는 데에 이만큼 좋은 곳도 없다. 또한 특정 백화점에서만 특정 브랜드 상품을 많이 준비해 판매하는 '단독 기획 행사'는 자신이 선호하는 브랜드를 싸게 구입할 수 있는 절호의 기회임에 두말 할 나위가 없다.

이번에는 전문 아웃렛(Outlet Store) 매장이다. 최근 들어 아웃렛이 인기를 끌고 있다. 아웃렛은 재고 판매 전문점으로 고품질의 브랜드 상품을 저렴한 가격에 구입할 수 있는 아주 탁월한 기회이다. 할인율은 대개 50~60% 대가 주를 이루고 있다. 이런 아웃렛 매장에는 두 가지 형태가 있는데 첫번째는 백화점 형식의 아웃렛이다. 신촌의 그랜드 마트에서 운영하는 '이글레'와 롯데백화점 본점 옆에 있는 '영플라자', 그리고 이랜드에서 운영하는 '2001 아울렛' 등이 바로 그 대표적인 예이다.

이들은 백화점의 형태를 띄고 있기 때문에 자사 카드 사용으로 할인을 받는가 하면 아웃렛 매장의 특징인 신제품이 별로 없다는 단점도 많이 보완되어 있고 주차까지 해결하며 쾌적한 환경에서 편하게 쇼핑할 수 있다. 요즘 같은 불경기에 가장 각광 받고 있는 형태의 소비 장소이다. 그리고 길거리에 브랜드 샵들이 쭉 늘어선 로데오 거리 아웃렛이 있는데 대표적인 곳은 문정동, 목동, 가리봉동, 연신내 등이다. 백화점 형태의 아웃렛보다 더 다리품을 많이 팔아야 한다는 단점이 있긴 하지만 백화점 내에 입점한 매장보다는 훨씬 크기 때문에 일단 원하는 브랜드 매장을 찾기만 하면 더 다양한 상품을 접할 수 있다는 장점이 있다.

다음은 브랜드 상설 할인매장이다. 이런 브랜드 상설 할인매장은 보통 본사가 있는 건물에서 많이 찾아볼 수 있는데 상설 매장들이 모여있는 로데오 거리처럼 다양한 브랜드는 없지만 대신 본사에 붙어있기 때문에 거의 창고 수준의 다양한 물건을 접할 수 있다. 자신이 좋아하고 자주 입는 브랜드의 상설 매장 위치만 한번 알아두면 언제든지 그 곳에 가서 50% 정도 할인된 가격으로 물건을 구입할 수 있다. 그리고 매장이 다 몰려있지 않고 곳곳에 하나씩 있기 때문에 사람도 별로 없고 복잡하지도 않다. 이런 할인매장의 위치는 본사에 직접 문의하는 것이 가장 빠른 방법이다.

다음은 브랜드 창고 개방이다. 이 방법이야 말로 완전히 원단 값도 안내고 거저먹는 최고의 알뜰 쇼핑이다. 작년 한해 팔고 남은 물건을 몽땅 재고 정리 하기 위해 큰 창고나 호텔 같은 곳을 빌려 단 며칠동안 반짝 판매를 한다. 이때쯤 되면 이제 몇% 할인의 개념이 아니라 거의 균일가이다. 하지만 이 창고 개방의 가장 큰 단점은 한 해를 넘기고 나서 재고 정리에 들어가기 때문에 최신상품이나 유행했던 아이템들은 찾아볼 수가 없다. 말 그대로 재고다 보니 1년 동안 안 팔리고 남은 물건들인 셈이다. 대신 정장 한벌이나 겨울 코트 등 크게 유행을 타지 않고 일반적이지만 두고두고 오래 입을 수 있는 아이템을 이런 기회에 아주 저렴하게 구입하는 것이 창고 개방을 잘 활용하는 현명한 방법이다. 이 창고개방은 정해진 특정 시즌이 있는 것이 아니므로 관심있는 브랜드는 본사에 미리 문의를 해 대략 언제

쯤 창고개방이 있을지 알아두면 좋다.

　마지막으로 면세점 쇼핑이다. 면세점 쇼핑은 출국 직전 공항면세점을 이용하는 경우가 많다. 그러나 쇼핑 고수들은 공항 면세점이 가장 비싸다고 말한다. 물건 값은 시내 면세점과 공항 면세점이 같지만 시내 면세점의 경우 할인폭이 훨씬 높고 덤도 쏠쏠하다.

　시내 면세점에서 쇼핑할 땐 멤버십 카드부터 만드는 것이 좋다. 15% 정도까지 추가로 할인 받을 수 있다. 면세점을 처음 이용하거나 자주 들르지 않는다면 동화면세점이 유리하다. 구입금액에 관계없이 발급해주는 멤버십 카드를 이용하면 처음부터 10~15% 할인 받을 수 있다.

　쇼핑칼럼니스트 배정현씨에 따르면 할인폭은 동화면세점과 코엑스 면세점이 크고, 워커힐 면세점은 덤을 많이 준다. 롯데는 규모가 가장 큰 만큼 상품 종류가 다양하다. 회원 등급에 따라 할인 정도가 크게 달라진다. 가족 한 사람 앞으로 구매 포인트를 적립해 등급을 올리는 것도 생활의 지혜다.

　부피가 큰 물건은 귀국 비행기편의 기내 면세점을 이용하는 게 좋다. 한 사람이 부칠 수 있는 짐의 한도가 20kg 정도이기 때문에 미리 구입했을 경우에는 화물추가 요금을 내야 한다. 기내 면세점은 할인폭이 낮고 종류가 다양하지 못해 찾는 물건이 없을 수도 있다. 기내 면세점 중에는 대한항공과 아시아나항공 면세점이 물건 종류가 많다.

해외로 출국할 때만 면세점을 이용할 수 있는 것은 아니다. 2002년 말부터 제주공항에서도 면세점이 운영되고 있다. 면세한도는 출국 때와 다르다. 술 1병(12만원 이하)과 담배 1보루를 포함해서 40만원 선이고 한 해에 4번만 이용할 수 있다. 제주 면세점은 제주국제자유도시개발센터(JDC)에서 운영하고 있고 면세점 수익은 JDC 개발사업에 사용되며 제주도로 돌아가게 된다.

쇼핑할 때도 매너가 필요하다. 쇼핑 중 전화가 왔을 때는 필히 밖에 나가서 통화하라. 판매원이 제품 설명을 하는 도중 전화를 걸거나 받아서는 안 된다. 쇼핑 중 통화는 다른 손님들에게 불쾌감을 줄 수 있으며 쇼핑 중인 고객들에게 방해가 될 수 있다.

스타일 수정은 지정된 곳에서만 한다. 예를 들어 립스틱을 바르거나 파우더를 덧바를 때 머리를 빗거나 향수를 뿌릴 때는 반드시 메이크업 룸을 이용한다. 옷을 입을 때는 옷이 상하지 않도록 조심히 입어 봐야 한다. 자칫 액세서리나 손톱 때문에 새틴, 실크 재질의 옷을 망칠 수 있다. 입어 볼 때는 장식 금속이나 구슬 등 작은 소품이 떨어지지 않도록 유의하고 특히 상의를 벗을 때에는 옷에 화장품이 묻지 않도록 조심해야 한다. 제품이 마음에 들지 않으면 상표를 떼지 않아야 환불 교환이 가능하니 지혜로운 쇼핑 상식은 이제부터다.

21
무대를 바라보며

 포털 메인화면에 신성록과 남산데이트, 눈에 확 띄는 문구와 함께 신성록(뮤지컬배우)이 나를 향해 웃고 있다. '함께 하실래요?'하는 듯한 표정이다. 클릭해서 들어가 보니 그가 공연하게 될 뮤지컬 마케팅이다. '보고 싶은 뮤지컬이네'하면서 순간 떠올린다. 혼자 갈까? 누구랑 같이 갈까?
 혼자 또는 사랑하는 연인, 가족, 친구와 함께 공연을 보러 가는 것은 지적인 문화생활이다. 그러나 그 방법과 장소에 따라 이용액도 천차만별이다. 자신이 원하는 공연을 저렴한 가격에 알차게 볼 수 있는 방법을 알아보려면 우선 보고자 하는 공연의 장르 고르기가 중요하다.
 뮤지컬은 대략 2만원부터 유명한 공연의 경우 20만원 대까지 이른다. 보통 실력있는 전문 배우들이 연기하는 경우 대부분 5만원 이상으로 범위가 분포한다. 장르는 코믹, 로맨스, 가족 등과 관련된다.

좌석은 B석→A석→S석→R석→VIP석 순으로 좋은 자리다. 공연에 따라 VIP석이 없이 좌석 구성이 되어 있거나 B석 없이 좌석이 구성되기도 한다. 장소는 대학로, 지역 내 센터, 세종문화예술회관, 지역 내 극장 등이다.

연극은 대략 1만원부터 6만원 대까지 이른다. 대학로 공연 같은 소극장 공연이 많고 대부분 2~3만원이면 티켓을 구매할 수 있다. 장르는 코믹, 로맨스 등이다. 좌석은 A→S→R석의 구성되며 청소년석과 대학생석, 일반석으로 구성되어 있다. 좌석 대부분이 균일석인데 연극주제에 맞는 이벤트식으로 프로포즈석, 부킹석 등이 추가적으로 구성된다. 균일석 장소는 주로 대학로 소극장이 주를 이룬다.

콘서트는 대략 5만원부터 10만원 대까지 이른다. 한국 가수의 콘서트 경우 10만원 선이면 제일 좋은 자리에 앉을 수 있고 유명한 외국 가수 혹은 밴드가 내한 공연하는 경우 20만원 선이면 제일 좋은 자리에 앉을 수 있다. 개그쇼나 음악 연주 콘서트의 경우 7~8만원 안으로 예매할 수 있다. 가수의 인기에 따라 비례하며 이보다 저렴하게 표를 발권할 수 있다. 장르는 개그, 음악, 가요, 연주 등이다. 한 가수 혹은 주체만의 공연 또는 비슷한 장르에 속한 여러 가수, 주체들이 차례대로 하는 공연으로 나눠진다. 좌석은 C→B→A→S→R→VIP→VVIP 순으로 좋은 좌석이다. 콘서트 공연의 경우 좌석이 모두 세분화되어 있는 것은 아니고 S와 R석만 있는 경우도 있고 A,

S, VIP석으로 구성된 경우, 균일석으로 되어 있는 공연도 있다. 공연의 규모가 커질수록 좌석등급이 세분화 된다. 장소는 전국 투어 콘서트가 많고 지역 내의 큰 무대에서 공연한다.

예매는 물론 현장 구매나 전화 예매도 가능하지만 미리 인터넷으로 예매하는 것이 정보도 더 많이 알 수 있고 할인혜택을 더 많이 받을 수 있다. 사이트에 따른 제휴카드 할인이나 이벤트도 있으니 꼼꼼히 따져보고 예매하는 것이 현명하다. 인터넷 예매 사이트는 인터파크, 옥션티켓, YES24, 티켓링크 순으로 상품수가 많다.

예매 순서는 우선 예매 하고자 하는 공연을 선택한다. 관람일 선택 후 관람시간을 선택한다. 지정석의 경우 좌석을 선택하고 비지정석의 경우 다음단계로 넘어간다. 원하는 영역 선택 시 원하는 좌석을 선택한다. 공연장이 작은 경우 좌석에서 바로 선택한다. 좌석 선택이 완료되면 하단의 좌석선택완료 버튼을 클릭한다. 동일 공연에 대해서 같은 시간대에 예매가 집중되면 간혹 결제단계에서 선택한 좌석이 타고객에게 먼저 예매되는 경우도 있다.

가격등급을 선택한다. 이곳에서 중복불가 할인의 경우 선택한 매수에 대해서는 카드할인, 조기예매 할인 등을 받을 수 없다. 일반가를 선택한 매수에 대해서만 할인된다. 할인을 선택한다. 원하는 티켓수령 방법을 선택한다. 일반배송과 특급배송의 경우 배송 받는 주소도 입력한다. 현장수령의 경우 예매시 부여되는 고유한 예약번호로 당일 티켓 수령이 가능하다.

일반배송의 경우 입금 확인 후 2~3일 이내에 티켓수령이 가능하고 배송료 2,000원이 추가된다. 특급배송의 경우 입금 확인 된 다음 날까지 티켓수령이 가능하다. 단 주말, 공휴일은 제외되며 배송료 3,000원이 추가 된다. 모바일 티켓의 경우 휴대폰으로 모바일 티켓을 다운받아서 당일날 전용단말기를 통해 입장하면 된다. 결제방법을 선택한다. 국민/BC카드(안전결제), 신용카드 안심클릭 결제, 신용카드 결제, 무통장입금, Gift Card 결제가 가능하다.

  할인 종류에는 뮤지컬이나 콘서트의 경우에는 할인 혜택이 적다. 제휴카드 할인이나 멤버쉽 할인, 장애인/국가유공자 할인 정도가 제공된다. 오히려 연극이나 소극장 공연이 할인 종류가 더 많고 할인폭이 매우 큰 경우도 있다.

  요일별 할인은 요일별로 할인율이 다르기 때문에 미리 할인율을 안다면 같은 공연이라도 더 저렴하게 볼 수 있다. 수요가 적은 요일의 경우 50%까지 할인해주는 경우도 많다. 단체 할인은 10명, 20명, 30명 등 단체로 예매하는 경우 할인 받을 수 있다. 10~20% 정도 할인을 받을 수 있다.

  카드사 할인의 경우 제휴하는 카드를 미리 알아 보고 해당하는 카드를 이용해 결제하면 혜택을 받을 수 있다. 카드사 할인은 보통 공연의 규모가 크고 유명할수록 제휴되는 카드도 많아진다는 상관성이 있다.

  학생 할인의 경우 대학생 할인이 있는 공연이 많다. 현장에 학생

증을 지참하면 할인된 금액으로 입장할 수 있다. 다른 할인 항목에 비해 할인율이 큰 편이다.

장애인, 국가유공자 할인의 경우 이 할인은 거의 모든 공연에 적용되는 할인 항목으로써 현장에서 장애인/국가유공자 확인증을 제시하면 된다. 확인증이 없는 경우 할인된 차액을 지불해야 하니 꼭 미리 챙겨놓아야 한다. 대부분 30~50% 정도 할인 된다.

특별 할인의 경우 공연 특색에 맞는 여러 종류의 이벤트성 할인이다. 미술관련 학생 및 종사자 할인이나 비오는 날 제공받을 수 있는 현장 할인, 여성끼리 동반 관람 할인, 싱글 할인, 커플 할인 등 다양한 할인혜택이 있다.

공연을 저렴하게 보려면 그만큼 발품을 팔아야 한다. 인터파크와 티켓링크 같은 대표적인 예매 사이트 혹은 공연 기획사의 홈페이지를 수시로 방문한다. 대형 사이트의 경우 할인의 혜택도 크지만 같은 가격에 더 좋은 자리를 우선적으로 예약할 수 있는 장점이 있다. 또 운이 좋으면 당일 티켓을 50% 이상 할인된 가격에 구입할 기회를 얻을 수도 있다.

공연정보 사이트 '플레이디비'에서도 공연 할인 이벤트와 기대평을 써서 당첨되면 공연에 초대되는 등 다양한 혜택을 누릴 수 있다. 또 '사랑티켓' 홈페이지에 가입하면 매달 1인 4매까지 7천 원 씩 할인 받을 수 있다.

릴레이 티켓 이벤트를 이용하자. 일명 '보고 또 보고 티켓'이라 칭하기도 하는 이 할인 제도는 한번 관람한 공연을 다시 볼 때 예전 티켓을 가져가면 일정 금액을 깎아 주는 기특한 이벤트다. 그리고 꼭 같은 공연이 아니더라도 같은 기획사의 공연일 경우 할인해 주는 경우도 많으니 보고 난 티켓은 버리지 말고 만약을 대비해 모아두도록 한다.

프리뷰 기간을 이용한다. 공연이 오픈되기 전에 미리 티켓을 끊는 방법은 두 가지가 있다. 조기 예매를 하거나 혹은 프리뷰 기간을 이용하는 경우가 바로 그것이다. 프리뷰 공연은 본 공연이 시작되기 전 관중들이나 관계자들에게 미리 선보이고 그 반응을 바탕으로 수정·보완한다는 전제하에 열린다. 그럼에도 프리뷰 공연의 인기는 식을 줄을 모르는데 훨씬 싼 가격으로 본 공연과 거의 비슷한 퀄리티의 공연을 볼 수 있다는 점과 첫 공연이라는 데에 의미가 있기 때문이다.

통신사와 신용카드의 할인 혜택을 놓치지 말자. 휴대전화와 신용카드 회사를 할인 혜택에 따라 빈번하게 이동하는 시대다. 자신의 지갑 속에 어떤 종류의 카드가 있는지 보고 관련 사이트를 방문해 어떤 혜택을 받을 수 있는지 알아두면 유용하다. 각 회사마다 후원하는 공연에 따라 할인율도 다르고, 같은 공연이라도 할인이 되는 회사와 그렇지 않은 회사가 있으니 반드시 확인하는 것이 좋다.

공연 카페나 동호회에 가입하는 것도 좋다. 다음이나 네이버, 싸이월드에 가면 공연 관련 카페가 아주 많다. 공연에 관심이 많은 이들이 함께 참여해 만든 사이트라서 실속 있고 알찬 정보들이 가득하다. 특정 공연에 단체로 예매하여 훨씬 저렴한 가격으로 티켓을 구매할 수도 있고 또 같은 취향을 가진 회원들과 함께 공연을 관람하며 친목을 다지는 부수적인 즐거움도 누릴 수도 있다. 그러나 단체 관람인 만큼 원하는 시간을 선택하기 어렵다는 점과 티켓 양도가 이루어지는 과정에서 신중을 기해야 하는 점을 알아두도록 한다.

공연 패키지 상품을 선택하는 것도 좋다. 최근 공연 패키지 상품이 부쩍 늘고 있다. '연극열전2'의 경우 가족이 함께 보면 좋을 연극 세 편을 묶어 할인된 가격에 관람할 수 있는 패밀리 패키지 상품을 출시했다. 공연마다 혹은 기획사마다 이러한 패키지 상품을 줄줄이 내놓고 있다.

한층 재미있게 즐길 수 있는 관람 방법은 공연의 장르에 따라 조금씩 다르다. 평소 많이 접하지 못한 클래식 공연의 경우 연주회 전에 미리 공부를 하고 가는 것도 좋은 방법이다. 연극과 뮤지컬, 콘서트, 클래식 등 장르를 불문하고 관람하고자 하는 공연의 출연진과 연출 스텝, 뮤지션, 시놉시스 등 공연에 관한 정보를 미리 알아두도록 한다. 그러면 공연을 쉽게 이해할 수 있어 금새 집중할 수 있다. 그러나 기본적으로 공연을 부담 없이 즐기기 위해서는 마음을 열고 관람하는 자세가 가장 중요하다.

공연 관람시 유의사항은 우선 교통편에 대해 정확히 숙지하는 것이다. 한번도 가보지 않은 장소에서 공연을 관람하는 경우 꼭 미리

가는 교통편에 대해 알아보고 숙지한다. 주말 혹은 저녁시간대의 공연이 많기 때문에 생각보다 교통이 밀릴 수 있고 처음 가는 장소일 경우 헤매는 바람에 정해진 공연 시간보다 늦게 도착하는 경우가 생각보다 많다. 게다가 공연이 끝나고 난 후에는 동시에 많은 사람들이 빠져 나가기 때문에 대중교통을 이용하는 것이 바람직하다.

공연 전 취소의 경우 공연 당일 전에 취소, 변경, 환불이 되는 공연도 있지만 대부분은 받기 어렵다. 예매전에 스케줄을 파악하여 적당한 날짜를 잘 선정해야 한다.

입장시간은 대부분 공연 30분 전부터 관객 입장이 시작되고 원활한 공연 진행을 위해 공연 시작 10분전까지는 입장하는 것이 좋다. 공연이 시작한 후에는 입장이 제한되는 경우가 있기 때문에 꼭 정해진 시간까지 미리 가야 한다.

공연관람 시 복장은 공연의 종류에 따라 어울리는 옷차림을 해야 한다. 스탠딩석이 있거나 흥분되는 분위기의 공연을 관람하는 경우에는 대부분 공연장 내 물품보관소가 운영되지 않기 때문에 최대한 간소한 옷차림과 소지품을 지니고 가는 것이 좋다.

공연 중 에티켓은 공연 중에 사진 및 동영상 촬영, 녹음, 녹취가 금지된다. 적발되는 경우 퇴장조치까지 취해질 수 있으며 공연관람에 지장을 주는 행위, 공연장 내 음료 및 음식물은 기본적으로 금지되므로 주의해야 한다. 옆사람과 소곤거리기, 부채질, 서서 돌아다니기, 지정석 이외의 자리에 앉는 행위, 신발을 벗어 옆 사람을 괴롭

히는 경우 등은 지양해야 할 것이다.

어린이 동행 시 출입 가능한 나이를 사전에 체크해야 한다. 공연 내용과 장소에 따라서 5세 이상, 7세 이상, 12세 관람 가능이 나누어져 있다.

요즘은 탁아 서비스를 갖춘 공연장이 늘어나고 있는 추세다. 세종문화회관 대극장 공연의 경우 대극장 공연을 보는 관람객에 한하여 위탁업체 전문교사가 아이들을 봐준다. 단 생후 36개월 이상만 입장이 가능하고 폐쇄회로 TV로 아이들이 노는 모습을 볼 수 있다.

예술의 전당은 35평의 규모의 놀이방을 운영하고 있다. 공연을 보러온 고객중 연령 제한으로 입장할 수 없는 아이들을 돌봐준다. 전문 교육과정을 이수한 교사가 동화구연, 인형극, 마술공연, 종이접기 등을 지도한다. 공연 관람객 자녀 중 생후 36개월 이상부터 미취학 어린이까지 이용 가능하다. 공연 시작 30분 전부터 공연 종료 시까지 이용할 수 있다.

국립극장은 극장으로서는 최초로 놀이방을 설치했다. 어린이 놀이방에서 일하는 직원은 유아교육과 출신 2명으로 구성되어 있다. 각 공연장에서 공연이 시작되기 1시간 전부터 공연이 끝날 때까지 돌봐준다. 3~6세까지 이용 가능하다.

충무아트홀은 위탁해서 운영한다. 53평 규모의 놀이방, 수용인원 20명, 2인 1조로 구성된 유아전문교사가 지도하며 공연 관람객뿐만 아니라 스포츠센터, 충무예술아카데미 수강생 자녀들도 이용할 수 있다. 생후 37개월~7세까지 이용 가능하다. 2시간 이용은 무료이고 시간 초과 시 시간당 3천원 요금이 부과된다.

육아를 담당하는 여성들의 경우 공연이나 전시회 관람 등 문화생활이 참 어렵다. 그러나 엄마들을 위한 문화서포터를 찾으면 된다. 여건이 되지 않는다고 미리 포기하거나 우울해 하지 말고 자신에게 도움을 줄 수 있는 방법이 무엇인지 적극적으로 찾아나서는 자세가 필요하다. 주변을 조금만 둘러보면 다양한 방법으로 문화생활을 즐길 수 있다. 믿고 맡길 수 있는 베이비 시터를 활용하거나 남편을 문화 서포터로 적극 변신시킨다. 또는 가족과 함께 영화를 감상할 수 있는 노천 자동차 극장을 이용하거나 탁아 서비스를 갖춘 공연장을 이용하면 된다. 동네 엄마들끼리 보모 품앗이를 만들어서 서로가 조금씩 도와주면서 시간을 조절한다면 한 달에 한두번 정도 문화생활을 즐기는 것은 그리 부담스러운 일이 되지 않을 것이다.

PART
04

Expression

옷과 구두와 모자와 안경으로는
스타일만을 만들 뿐이다
그것에 이상과 의지와 생각의 색깔이 담겨야
비로소 그때, 당신의 아이콘이 만들어진다

22
사소한 습관들이
얼굴 나이를 결정한다

화장은 하는 것보다 지우는 것이 더 중요하다. 클렌징을 제대로 하지 않으면 메이크업 잔여물이나 더러움이 피부모공을 막아 산소와 영양공급이 제대로 이루어지지 않고, 여드름이나 뾰루지 같은 트러블이 생긴다. 자신의 피부 타입에 맞는 클렌저로 매일 피부 더러움을 없애야 한다. 손을 깨끗이 씻은 후 세안을 시작한다. 폼클렌징은 충분한 양을 사용하는 것도 중요하지만 얼마나 거품을 많이 내느냐가 관건이다. 거품이 많고 클수록 피부자극은 적고 세안이 깨끗이 된다. 양손을 비벼 충분히 거품을 낸 후 그 거품으로 얼굴 전체를 감싸 문질러 준다. 색조화장을 했던 눈과 입술은 꼼꼼하게 문질러 주고 피지분비가 많은 T존도 세심하게 문질러 준다.

물의 온도도 중요하다. 지성 피부는 따뜻한 물, 건성피부는 미지근한 물로 20회 이상 흐르는 물로 헹군다. 대충 헹구면 비눗기도 제대로 없어지지 않고 피부오염이 제대로 지워지지 않아 트러블이 생기기 쉽다. 헹굴 때 얼굴을 문지르면 피부에 자극을 줄 수 있으니 흐르는 물을 손에 받아 얼굴 전체에 끼얹듯이 헹구는 것이 좋다. 그리고 마무리는 반드시 찬물로 한다. 왜냐하면 피부가 긴장하고 열린 모공을 조여주는 효과가 있기 때문이다. 타월로 물기를 문질러 닦지 말고 토닥이듯이 살짝 누르면서 닦아낸다.

페이스 메이크업을 지울 때에는 클렌징 로션이나 크림을 손바닥에 적당량을 덜어낸 후 볼, 이마, 코, 턱, 목 등에 나누어 놓고 얼굴 전체에 펴 바른다. 클렌저는 따뜻하면 더 효과적이므로 여름에도 손바닥에 잠시 두었다가 따뜻해지면 사용한다. 클렌저의 양은 충분한 것이 좋다. 클렌저가 적으면 피부마찰이 심해져 자극을 주기 때문에 오히려 트러블이 생길 수 있다. 목, 콧방울, 입술 주변 등도 꼼꼼하게 펴 바르고 부드럽게 마사지하듯 문지른다. 마사지가 끝나면 살짝 눌러주면서 클렌저를 닦아 낸다. 매일 깨끗이 세안해도 모공 속 더러움과 각질까지 없애기는 힘들다. 이럴 때 필요한 것이 딥 클렌징이다. 딥 클렌징도 피부 타입에 따라 다르다. 지성피부의 경우에는 주 2회 알갱이가 있는 스크럽 제품을 사용한다. 건성피부와 중성피부는 한 달에 2회 정도가 좋고 알갱이가 없는 딥 클렌저를 사용한다. 복합성 피부는 주 1회가 적당한데 피지분비가 심한 T존 부위는 일주일에 두 번 정도 딥 클렌징하는 것이 좋다.

포인트 메이크업을 지울 경우 눈과 입술은 다른 피부에 비해 얇고 민감해 전용 리무버로 화장을 지워야 자극을 주지 않고 깨끗하고 부드럽게 지울 수 있다.

눈 주위는 피부가 얇고 예민해 살짝 눌러주면서 지워 자극을 최소화 하도록 한다. 또 눈과 입술 화장은 반드시 포인트 메이크업 전용 리무버를 사용하도록 한다. 화장솜에 리무버를 충분히 적신 후 눈두덩에 10초 정도 올려준 후 지그시 눌러 아이새도를 닦아 낸다. 아이새도를 다 지운 후에는 눈썹을 닦는다. 눈머리 쪽에서 눈꼬리 쪽으로 가볍게 두드리듯이 지워준다.

아이라이너는 화장솜에 리무버를 적셔 라인을 지우고 덜 지워진 눈 아래 라인은 면봉에 리무버를 적셔 지운다. 마스카라는 화장솜에 리무버를 적신 후 반으로 접어 그 사이에 눈썹을 끼워 넣고 바깥쪽으로 살짝 당기면서 닦는다. 덜 지워진 마스카라는 리무버를 적신 면봉으로 세심하게 닦아낸다.

입술 화장의 경우 티슈로 입술을 눌러 립스틱의 유분기를 없앤 후 입술 전용 리무버를 적신 화장솜을 입술 위에 10초 정도 올려준다. 밖으로 닦아내면 립스틱이 피부로 번지고 잘 지워지 않으니 입술 중앙으로 모아주듯 닦아낸다. 입술은 주름 사이 사이를 면봉으로 깨끗이 닦아낸다.

이러한 클렌징의 제품 종류는 매우 다양하다. 우선 클렌징 오일은 옷의 기름때를 지울 때 드라이클리닝 하는 것처럼 메이크업의 유분은 유분으로 닦아내는 것이 좋다. 대부분의 클렌징 오일은 유분 성분인 메이크업과 만나면 친유성이 되고 물과 만나면 친수성이 되어

물에 잘 지워지고 메이크업도 깨끗하게 지워진다. 클렌징 오일을 선호하는 경우가 많은데 그 이유는 원 스톱 클렌징이 가능하고, 자극이 적고, 피부 타입에 상관없이 사용할 수 있기 때문이다. 대부분의 클렌징 오일은 촉촉함을 주고 유수분 밸런스를 조절해 주는 효과가 있다.

방법은 포인트 메이크업을 지운 후 마른 손에 500원 동전 크기 정도의 오일을 덜어낸 후 양손을 비벼 오일을 따뜻하게 한다. 얼굴 전체에 오일을 바르고 1~2분 정도 부드럽게 마사지 한 후 물로 여러 번 헹궈낸다. 지성이나 복합성 피부는 물로만 헹구는 것 보다 폼클렌저를 사용해 깨끗이 씻어내는 것이 좋다.

부드러운 크림이 연상되는 클렌징 크림은 세정력이 뛰어난 것이 장점이다. 다소 무거운 느낌을 주어 메이크업을 하지 않거나 가벼운 메이크업을 즐긴다면 굳이 클렌징 크림을 사용할 필요는 없다. 진하게 화장을 하는 여성이라면 피부 타입에 상관없이 클렌징 크림을 사용하면 메이크업을 깨끗이 지울 수 있다. 단, 티슈로 먼저 닦아내야 하기 때문에 피부에 자극을 주기 쉬우므로 티슈로 닦아낼 때는 문지르지 말고 누르면서 세심하게 닦아낸다. 클렌징 크림을 얼굴 전체에 바른 후 마사지하듯 손가락으로 문질러 지워내기 때문에 충분한 양을 사용해야 자극을 줄일 수 있고 마사지 효과도 얻을 수 있다.

방법은 500원 동전보다 약간 큰 정도의 크림을 손바닥에 덜어 따뜻하게 한 후 볼, 이마, 코, 턱, 목 등에 점을 찍듯 바른 다음 얼굴 전체에 잘 펴 바른다. 클렌징을 할 때 목을 빼놓는 경우가 많은데 목도 잊지 않고 클렌징 한다. 손가락에 힘을 빼고 2분 정도 부드럽게 마사지하듯 문지른 후 티슈로 가볍게 누르면서 닦아낸다. 폼 클렌저를 충분히 거품 내 얼굴 전체에 문지른 후 흐르는 물로 여러 번 헹군다.

클렌징 로션은 클렌징 크림보다 세정력은 덜하지만 촉촉하고 끈적임이 없어 모든 피부타입과 계절에 상관없이 사용할 수 있다. 물로도 잘 닦아지기 때문에 이중세안을 할 필요가 없고 순한 것은 포인트 메이크업 리무버로도 사용할 수 있어 편리하다. 클렌징 크림과 같은 방법으로 사용한다.

클렌징 젤은 유분보다 수분이 많아 피지분비가 많은 지성 피부, 여드름 피부, 민감성 피부에 사용하면 좋다. 사용감이 시원하고 끈적임이 없어 산뜻한 기분을 느낄 수 있다. 물로 씻을 수 있어 이중세안을 할 필요가 없고 자극은 적지만 그 만큼 세정력은 떨어지는 편이라 가벼운 화장을 했을 때 사용하면 좋다. 방법은 손바닥에 클렌징 젤을 500원 동전 크기만큼의 양을 덜어 얼굴 전체에 잘 펴 바른다. 중지와 약지의 손가락에 힘을 빼고 얼굴 전체를 마사지 한다. T존과 콧방울은 세심하게 문질러준 후 흐르는 물로 헹군다.

클렌징 워터는 산뜻하고 시원한 감촉의 액체 타입 클렌저로 지성 피부나 가벼운 화장을 하는 경우에 적당하다. 진한 화장은 제대로 지울 수 없기에 크림이나 로션 사용 후 워터 타입으로 한번 더 닦아낸다.

　클렌징 티슈는 간편한 것이 가장 큰 장점이다. 티슈 형태의 얇은 면에 클렌징 성분이 적셔있어 쏙 뽑아서 닦으면 끝이다. 간편하고 산뜻하지만 메이크업을 완벽하게 지우기에는 조금 부족하다.

　피부 타입별로 클렌징 하는 방법이 있다. 우선 지성피부는 피지분비가 많아 얼굴이 번들거리고 모공이 크며, 여드름이나 뾰루지 등의 트러블이 자주 생겨서 다른 피부 타입보다 클렌징에 더 신경을 써야 한다. 오일프리 제품이나 수분이 많은 클렌저를 사용하고 이중세안은 필수이다. 메이크업을 하지 않더라도 저녁에는 클렌징 젤, 로션, 워터타입 등으로 얼굴을 지우고 폼 클렌저로 이중세안을 한다.

　건성피부는 지성피부와는 달리 피지에 의한 더러움이 아니라 대부분 각질과 메이크업 때문이다. 건성피부의 클렌질 포인트는 세안 후 피부 당김을 느끼지 않게 보습성분이 많고 부드러운 세안제를 사용하는 것이다. 건성 피부에 잘 맞는 클렌저는 클렌징 로션과 유수분 함량이 많은 클렌징 크림이다. 가벼운 화장은 클렌징 로션, 진한 화장은 크림 타입을 사용한다. 클렌징 로션이나 크림으로 메이크업을 지운 후 폼 클렌저로 부드럽게 세안하는 것이 좋다.

　중성피부는 수분과 유분이 적절하게 균형을 이뤄 트러블도 거의 없고 피부결도 보기 좋아 어떤 타입의 클렌저도 다 사용할 수 있다. 가볍게 메이크업 했을 때는 클렌징 로션이나 클렌징 워터를 사용하고 진한 경우에는 클렌징 크림을 사용한다. 중성피부는 계절이나 환경에 따라 피부상태가 변할 수 있으니 자극을 주지 않고 부드럽게 세안하는 것이 포인트다.

복합성 피부는 지성 피부에 맞춰 손질하되 볼은 자극이 덜 가도록 하는 것이 포인트다. 먼저 유분기가 적은 클렌저를 선택하도록 한다. 클렌징 워터나 로션으로 메이크업을 지우는데 클렌징 로션을 얼굴 전체에 발라 부드럽게 문질러준 후 티슈로 닦아낸다. T존 부위는 클렌징 워터로 한 번 더 닦아낸다.

피부야 물론 타고 나는 것이겠지만 피부 미인들은 모두 자신만의 피부 관리 비법을 갖고 있다. 이민정의 '미스트 세안법', 고현정의 '솜털 세안법' 등 이름마저 눈에 띄는 그들의 비법은 피부 자극을 줄이면서 피부 표면에 쌓인 유분과 먼지, 노폐물, 각질을 효과적으로 씻어내 피부 트러블을 예방하고, 맑고 깨끗한 피부로 가꿔주는 것이 특징이다.

'미스트 세안법'은 피부에 최대한 손을 대지 않고 세안을 끝낼 수 있는 간편한 미스트 타입의 클렌저를 사용하는 것이 특징이다. 손바닥으로 얼굴을 과도하게 문지르는 세안은 피부 수분을 빼앗아 갈 뿐만 아니라 주름을 촉진시키기 때문에 피해야 한다. 미스트 타입의 경우 피부에 도포하면 얼굴 피부와 손 사이에 얇은 막이 만들어져 최소한의 힘으로도 세안이 가능하다.

'솜털 세안법'은 피부의 솜털 사이사이를 정성스럽게 닦아주는 세안법으로 손끝을 이용한 거품 마사지를 말한다. 이 세안법은 모공

속 노폐물이나 피부 표면의 오염 물질을 자극 없이 효과적으로 씻어 내 피부를 깨끗하게 해준다. 우선 거품을 최대한 풍성하게 만든 후 얼굴 안쪽에서 바깥쪽으로 넓게 펴 바른다. 그리고 손끝을 활용해 바깥쪽에서 안쪽으로 작은 원을 그리듯 구석구석 문질러 주며 솜털에 숨어 있는 먼지나 노폐물을 씻어내는 것이 핵심이다. 콧망울, 이마, 턱까지 세심하게 문지르듯 씻어내는 솜털 세안법의 적정 소요 시간은 20~30분 정도로 꼼꼼하게 하는 세안법이다. 거품을 씻어낼 때 역시 솜털의 반대 방향인 얼굴 바깥쪽에서 안쪽으로 손등을 활용하여 남김없이 씻어내도록 한다.

'100번 헹굼 세안법'은 뜨거운 물로 유분기를 녹인 다음 미지근한 물과 찬물로 30번씩 번갈아 헹구는 것이 특징이다. 물로 얼굴을 튕기듯 세안하고 손바닥으로 얼굴을 문지르지 않는다. '100번 헹굼 세안법'은 피부가 촉촉해지며 찬물 헹굼이 반복되어 모공 축소 효과를 얻을 수 있다.

'스팀 세안법'은 피부 노폐물과 각질을 주기적으로 제거해 항상 깨끗한 피부를 유지하고 있는 것이다. '스팀 세안법'은 1차 기본 세안 후 따뜻한 스팀 타월을 얼굴에 얹어 각질을 불리고 모공을 이완시킨다. 이 때 팩을 이용해 모공 속 노폐물을 닦아내는 것이 포인트다. 피지와 각질을 효과적으로 제거하면서 스팀 타월의 수분이 피부에 전해져 민감해진 피부를 진정시켜 준다.

세안을 마치고 나면 다음은 스킨 케어다. 스킨로션은 흔히 '스킨'

또는 '화장수'라고 부르는 제품이다. 화장수는 비누 세안을 하고 첫 번째로 발라야 하는 것으로 세안 후 남아있기 쉬운 세안제를 한 번 더 닦아내고 수분을 보충하기 위해서다. 세안 후 모공이 열려있는 상태에서 화장수를 바르지 않고 메이크업을 하면 쉽게 번들거리는데 화장수를 바르면 순간적으로 모공을 조여줘 화장 들뜸과 번들거림을 예방할 수 있다. 이외에도 화장수는 피부결을 부드럽게 정돈시키고 진정시키는 역할을 한다. 또한 화장수는 로션, 에센스 등 화장수 다음 단계에 바르는 화장품이 제대로 흡수될 수 있도록 도우미 역할도 한다.

스킨로션은 크게 유연 화장수와 수렴 화장수로 나뉜다. 유연 화장수는 보습제와 유연제가 함유되어 피부를 촉촉하고 부드럽게 하고 세안 후 피부를 정상 피부로 되돌리는 역할을 한다. 수렴 화장수는 흔히 아스트린젠트라고 불리며 일시적으로 모공을 조여주고 피부에 탄력을 주며 세균 침투로부터 피부를 보호하고 소독해 주는 역할을 한다. 피지나 땀의 분비를 억제해 주는 작용이 있어 여드름 피부나 지성 피부에 쓰면 좋다. 화장수를 바를 때는 반드시 화장솜을 사용하도록 한다. 화장솜에 화장수를 충분히 묻혀 피부결을 따라 닦아내듯이 골고루 바르는 것이 올바른 방법이다.

로션이라 불리는 영양 화장수는 모이스처라이저, 에멀전, 플루이드 등 여러 이름으로 불린다. 화장수로 수분을 공급해 준 다음에 로션을 발라 수분과 영양을 다시 한번 공급해 준다. 로션은 화장수만으로 부족한 수분과 유분을 공급해 유수분 밸런스를 맞춰주고 매끄럽고 촉촉한 피부를 만들어 준다. 하지만 로션을 발라야 하는 가장 중요한 이유는 로션이 피부보호막을 만들어 주기 때문이다. 로션을 바르면 로션 중의 수분은 증발하고 유분은 피부표면에 남아 얇은 지방막을 만든다. 이 막은 피부의 수분을 날아가지 않게 해 촉촉한 피부를 유지할 수 있도록 도와준다.

에센스는 미용농축액으로 피부보약과 같은 역할을 한다. 피부도 25세가 되면 노화가 시작된다. 노화가 일어난 피부는 탄력을 잃고 거칠고 잔주름이 생기기 시작한다. 기초화장품만으로는 이런 트러블을 해결할 수 없기 때문에 수분과 영양성분이 농축된 피부보약인 에센스를 사용하는 것이다. 수분 위주로 피부에 영양을 주기 때문에 크림에 비해 사용감이 산뜻하고 흡수가 빨라 지성피부도 부담 없이 바를 수 있다.

스킨, 로션, 에센스를 바르고 난 후 마지막에 크림을 바른다. 크림을 바르면 피부에 얇은 유분막을 만들어 외부자극으로부터 피부를 보호해 주고 피부의 수분이 증발되는 것을 막아준다. 또 스킨, 로션, 에센스 등이 공급한 수분과 영양분이 외부로 빠져나가는 것을 막아 화장품의 효과가 오래 지속 되도록 도와준다. 유분이라고 하면 여드름 피부나 지성피부는 선뜻 손이 가지 않지만 피부에 유분이 부족하면 수분이 증발하는 것을 막아주는 힘이 약해지고 수분도 함께 부족해져서 주름이 금방 생기고 각종 트러블도 발생된다. 크림을 발라야 유분과 수분의 균형을 맞춰 아름다운 피부를 만들어 주고 노화방지에도 도움을 준다.

피부 노화를 막기 위한 생활 습관이 있다. 수분 섭취를 충분히 하는 것, 밤 11에서 2시 사이에는 꼭 잠자리에 드는 것, 자외선 차단제를 항상 바르는 것, 주름 전용 크림과 수분크림을 사용하는 것, 술, 담배, 인스턴트식품, 카페인 섭취를 자제하는 것, 실내 습도를 40~60%로 유지하는 것이다. 피부의 건조를 막기 위해서는 밀가루 음식은 피하고 일주일에 2~3번 정도 팩을 하고 단백질 식품과 야채를 섭취하는 것이 좋다. 세안이나 샤워는 뜨거운 물보다 미지근한 물로 하는 것이 좋으며 심하게 건조하면 건성 피부용 세안제를 사용하고 잦은 세안과 목욕은 피하는 것이 좋다. 주름을 악화시키는 사소한 습관들은 눈가 주름의 경우 습관적으로 눈을 찡그리는 것이다. 입가 주름의 경우 손으로 턱을 괴듯 입 주변으로 피부를 밀어내는 버릇이고 미간 주름의 경우 화를 자주 내거나 습관적으로 인상을 쓰는 경우이다. 이마 주름의 경우 습관적으로 눈을 치켜 뜨거나 누워서 TV를 보는 경우이며 잔주름의 경우 세안할 때 손바닥에 힘을 주어 위에서 아래 방향으로 비비는 경우이니 사소한 습관들을 잘 지켜서 멋지게 나이 드는 여성이 되길 바란다.

23

피부가 쉬고 싶을 때 하는 일

피부는 바깥층부터 표피, 진피, 피하조직이라는 3개 층으로 나누어진다. 표피는 우리가 만질 수 있는 피부표면으로 보습과 피부보호는 물론 수분 손실을 막아주고 세균침입도 방지한다. 진피는 피부탄력에 중요한 역할을 하는 곳이다. 진피층은 콜라겐이라는 단백질에서 만들어 낸 교원섬유(아교질 성분)와 엘라스틴에서 만들어진 탄성섬유(탄력섬유)가 그물처럼 짜여있다. 나이가 들면서 피부노화가 오는 여러 원인 중 하나가 바로 진피층에 있는 탄성섬유가 감소하고 콜라겐도 느슨해지기 때문이다.

피하조직은 진피와 골격 사이에 있는 부분으로 지방조직으로 되어 있고, 표피와 진피에 영향을 공급하고, 호르몬과도 관계가 깊어 여성의 몸을 부드럽게 만들어주는 등 체형을 결정하기도 한다.

피부는 보통 4가지 타입으로 구분된다. 지성 피부는 세안 후 아무것도 바르지 않아도 피부가 당기지 않을 정도로 피지가 많다. 얼굴 전체가 번들거리고 여드름, 뾰루지, 블랙헤드 같은 트러블이 자주 일어난다. 피지가 많이 분비돼 피부는 끈적거리고 메이크업이 쉽게 지워지며 모공이 크다. 반면 주름은 잘 생기지 않는 편이다.

복합성 피부는 T존과 콧방울 등은 지성이지만 양볼은 건성이다. 따라서 귀찮더라도 T존은 지성피부용을 U존은 건성피부용 화장품을 사용하는 것이 좋다. 하지만 현실적으로 쉽지 않으므로 지성피부처럼 관리하되 볼과 턱은 에센스, 크림 등을 충분히 발라 유분과 수분을 공급해 준다.

건성피부는 늘 보송보송한 느낌이 들고 모공이 작다. 유분과 수분 모두 부족하기 때문에 피부관리에 정성을 기울여야 한다. 건조하면 각질이 생기고 화장도 들뜨고 다른 피부보다 잔주름이 많이 생긴다. 그러므로 건성용 화장품을 쓰고 아이크림은 꼭 발라주며 에센스, 크림 등으로 수분과 유분의 밸런스를 맞춰주는 것이 중요하다.

중성피부는 누구나 부러워하는 이상적인 피부 타입으로 수분과 유분이 균형을 이루고 있다. 하지만 여름에는 지나치게 피지가 생기지 않도록 하고 겨울에는 수분과 유분을 충분히 공급해 건조해지지 않도록 관리를 잘 해야 한다.

몸에 좋은 음식은 당연히 피부에도 좋다. 평소 올바른 식습관을 유지하는 것이 건강하고 아름다운 피부를 만드는 현명한 방법이다. 물을 많이 마시고 커피와 진한 차 등은 적게 마시며 현미를 먹고 신선한 야채와 과일, 올리브 오일을 섭취하는 등 몸에 좋은 음식을 먹는 식습관을 갖는 것은 그리 어려운 일이 아니다. 그 중에서 특별히 피부에 좋은 음식들을 찾아보자.

블랙 푸드 열풍을 몰고 온 검은콩, 검은깨, 흑미 등이 모두 몸에 좋지만 특히 검은깨에는 비타민 E가 많이 들어 있어 노화방지에 효과적이다. 젊음을 오래 유지하고 싶다면 깨를 지속적으로 먹는 것이 좋다. 녹두 역시 좋은 미용재료다. 녹두는 화장독을 해독해 주고 피부를 매끄럽게 만들어 준다. 녹두가루를 물과 섞어서 얼굴에 바르면 살결이 매끄러워지고 여드름, 잡티, 기미 등의 트러블도 없애준다.

꿀은 살아 있는 순수 자연식품으로 꿀을 섭취하면 피부가 탱탱해지고 불면증에도 효과가 있다. 민감하고 건조해진 피부에 연유와 꿀을 3 : 1 비율로 섞어 얼굴에 바른 다음 20분 후 헹구어 내면 금방 피부가 촉촉해짐을 느낄 수 있다. 우유 역시 밝고 건강한 피부를 위해서 꼭 먹어야 하는 완전식품이다. 단백질, 칼슘, 비타민, 미네랄 등 피부에 좋은 성분들이 많이 들어있다. 성인은 하루에 두 컵을 마시는 것이 바람직하다.

신선한 야채와 과일도 빼놓을 수 없다. 특히 오렌지는 멜라닌 생성을 억제해 화이트닝 효과가 있고 칙칙해진 피부를 윤기 있게 만들어 준다. 포도에는 노화를 방지하는 폴리페놀 성분이 들어있고 딸기에는 비타민 C가 풍부해 기미, 주근깨 예방에 좋다. 시금치, 케일, 담황색 채소 등을 하루에 다섯 접시 정도 먹으면 2년 정도 젊어질 수 있다니 야채가 피부에 얼마나 고마운 존재인지 알 수 있다. 뿐만 아니라 올리브와 생강은 노화방지에 효과가 있고, 오이와 감자는 수분 공급, 피부진정 등에 효과가 있다.

피부에 탄력을 주는 것으로는 마사지와 팩이 있다. 마사지는 피부나 근육을 손으로 쓰다듬고, 문지르고, 주무르고, 두드리고, 눌러주는 것을 말한다. 어원도 그리스어의 '마쏘(주무른다)'라는 단어에서 유래되었다. 마사지는 혈액순환과 림프순환이 잘되도록 도와줘서 피부 속 노폐물이 빠져나가기 쉬운 상태로 만들어 피부를 탄력 있게 하고 노화를 예방한다. 마사지를 하면 피부온도가 높아지면서 모공이 열려 피지, 모공 속 더러움 등이 제거되며 피부가 맑고 깨끗해진다. 또 긴장된 얼굴 근육을 풀어줘 표정이 부드럽고 아름다워진다.

마사지는 화장이 잘 받지 않을 때, 피부가 거칠어졌을 때, 환절기에 하는 것으로 피부를 부드럽게 만들어준다. 신진대사가 활발해지고 모공이 열린 목욕 후에 하는 것이 가장 효과적이다. 평소에는 스팀타월로 모공을 연 후 마사지를 한다.

마사지의 첫번째 원칙은 부드럽게 해야 한다. 얼굴 피부는 자극에 약하고 트러블이 생기기 쉽기 때문에 손가락에 힘을 빼고 부드럽게 자극을 주는 것이 포인트다. 두번째는 우아하고 느리게 하는 것이다. 급하게 하면 피부표면만 자극하고 끝날 수 있어 부드럽게 천천히 손놀림을 하면서 콧방울, 광대뼈 아래도 세심하게 문질러 준다. 마지막으로 오래 문지르지 않는 것이다. 잠자리에 들기 전 편안한 마음으로 3분 정도 마사지 하고 잠자리에 들면 혈액순환이 잘되어 숙면을 취할 수 있다.

　마사지를 하기 전에는 먼저 손을 청결히 한다. 마사지 크림을 가운데 손가락 한 마디 정도 양을 떠내 손바닥에 덜어낸 후 다른 손으로 덮거나 손가락으로 저어 크림을 따뜻하게 한다. 양 볼, 이마, 턱, 코, 목에 적당히 나누어 놓은 후 펴바른다. 이마 한가운데서 시작해 아래에서 헤어라인 쪽으로 쓸어 올린 후 헤어 라인을 따라 가볍게 원을 그리듯이 마사지 한다. 양쪽을 번갈아 5회 이상 반복하면 이마에 생기기 쉬운 가로주름을 예방할 수 있다.

　콧등과 코벽을 위에서 아래로 쓸어주고 피지분비가 많은 콧방울은 둥글게 원을 그리듯이 마사지 한다. 입 주위는 인중에서 입가를 따라 반원을 그리고 턱 중앙에서 반원을 그리면 입가 잔주름을 예방할 수 있다.

　양 볼은 중앙에서 바깥쪽으로 볼 아래에서 관자놀이 쪽을 향해 나선형을 그리면서 마사지 한다. 눈은 양손의 가운데 손가락으로 눈머리를 지그시 누른다. 눈썹머리를 지나 눈썹 모양을 따라가다 관자놀이에서 멈춰 관자놀이를 지압하듯이 누른다. 그 다음 눈 밑에 원을 그리며 제자리로 돌아온다. 눈의 피로와 잔주름을 예방할 수 있다.

　턱은 손가락 끝으로 피아노 치듯이 중앙에서 시작해 귀 쪽으로 가볍게 두드려준다. 목의 근육은 넓고 얇은 판 모양으로 피부에 붙어 있어 노화가 빨리 오는 부분이므로 꾸준히 관리해야 한다. 세로로 4등분으로 나누어 손바닥 전체로 아래에서 위로 쓸어 올리듯이 마사지한다. 마사지가 끝나면 잠시 양손으로 얼굴을 감싸준다. 티슈로 유분기를 닦아낸 후 스팀타월하면 피부가 매끄러워지고 탱탱해짐을 느낄 수 있다.

마사지에는 기본 동작이 있다. 우선 쓰다듬기다. 손바닥으로 얼굴 전체를 쓰다듬어 긴장을 풀어주는 동작이다. 얼굴 전체를 부드럽게 손바닥으로 쓰다듬는다. 그 다음 엄지를 제외한 네 손가락으로 얼굴 각 부위별로 부드럽게 펴주듯 쓰다듬는다. 쓰다듬기는 각질이 잘 떨어져 나가게 하고 모공을 열어 피지가 잘 빠져 나오게 하기 때문에 피부를 깨끗하게 한다. 또한 혈액순환과 림프액의 순환도 촉진시킨다.

문지르기는 쓰다듬기보다 좀더 빨리 힘을 주어 하는 동작이다. 양볼, 입, 코, 눈, 이마 순서로 문지르는데 볼이나 이마처럼 넓은 부위는 네 손가락으로 문지르고 입, 코, 눈 등은 중지에 힘을 주어 문지른다. 모공 속 피지가 나오도록 돕기 때문에 지성 피부에 좋고, 강하게 누르고 당기는 동작이 피부의 탄성을 유지하게 해 노화예방에 좋다.

눌러주기는 턱, 광대뼈, 눈뼈, 이마를 안쪽에서 바깥쪽으로 선을 따라 눌러준다. 턱선은 엄지로 광대뼈 아래와 눈뼈 주위, 이마 중앙은 중지로 눌러준다. 피부 속까지 눌러주게 되어 진피와 피하지방까지 마사지 영향을 미친다.

두드리기는 근육이 굳는 것을 막아주거나 진행을 더디게 하고 건조한 피부에 좋은 효과가 있다. 얼굴을 두드리면 피부에 탄력이 생기고 잔주름이 예방된다. 가볍게만 두드려도 충분히 효과를 볼 수 있으니 너무 강하게 두드리지 않도록 주의한다. 양 볼, 입 주위, 눈 주위는 엄지를 제외한 네 손가락으로 톡톡 쳐주듯이 두드려주고 턱은 손등으로 가볍게 두드려준다.

팩은 일시적으로 막을 만들어 피부와 공기를 차단시켜 피부온도를 높여주고 신진대사를 활발하게 해준다. 또한 피부표면의 각질을 없애고 모공 속에 쌓인 노폐물을 없애 피부를 깨끗하게 만들어 주고, 수분과 영양을 빠르게 공급해 순식간에 피부가 부드럽고 매끄러워진다. 이렇게 팩을 하면 한번에 피부청결, 보습, 영양효과까지 얻을 수 있지만 자신의 피부 타입에 맞는 팩을 선택해야 하고 무조건 자주 한다고 좋은 것은 아니다. 일주일에 1~2회 정도가 적당하다.

팩은 피부온도가 낮은 부위부터 바르는 것이 원칙이다. 온도가 낮은 볼부터 시작해서 턱, 코, 이마 등 온도가 높은 순으로 두껍지 않게 바른다. 팩을 하는 도중에 움직이거나 웃으면 주름질 수 있으니 최대한 편안한 자세로 누워 있는다. 민감한 눈가와 입가는 피해서 바르고 팩이 마르면 팩제에 따라 물로 헹구거나 떼어낸다. 팩을 없앤 후 냉타월로 모공을 꼭꼭 조여주는 것도 중요하다. 그 다음 수렴화장수를 발라주고 에센스와 영양크림을 발라 영양과 수분을 공급해 준다.

팩의 종류에는 필 오프 타입, 워시 오프 타입, 티슈 오프 타입, 시트 타입이 있다. 필 오프 타입은 얼굴에 펴 바르고 마르면 팩제를 떼어내는 타입으로 노폐물 제거력이 탁월하다. 탄력이 없는 피부나 지상피부, 칙칙한 피부에 사용하면 좋다. 적당한 자극과 긴장감을 주기 때문에 여름에 사용하면 좋지만 민감한 피부, 여드름 피부 등은 금물이다.

워시 오프 타입은 팩제가 마르면 물로 헹궈내는 타입으로 피부자극이 적어 민감한 피부도 사용할 수 있다. 크림이나 젤 타입이 많고 팩을 한 후 물로 씻어내 상쾌함을 느낄 수 있다. 노폐물 제거와 피부진정 효과가 있다.

티슈 오프 타입은 팩제가 마르면 화장수나 티슈로 닦아내는 타입으로 자주 팩을 하거나 간편한 팩을 원할 때 사용하면 좋다. 주로 수분팩이나 탄력팩에서 볼 수 있는데 자극이 적고 보습과 영양을 준다. 티슈 오프 타입은 물로 닦이지 않는 오일이나 유용성 성분이 함유되어 있으므로 물로 닦아내지 말고, 클렌징 워터로 지워내도 무방하다. 단, 클렌징 워터로 지워낸 후에는 화장수를 발라준다.

시트 타입은 눈, 코, 입이 뚫려있는 얇은 부직포를 얼굴에 붙이는 타입으로 시트에 팩제가 묻어있다. 붙이고 10분 정도 지난 후 위에서 아래로 떼어내면 무척 간편하다. 시트 타입에는 주로 수딩, 진정, 보습팩이 많고 자극이 거의 없어 민감한 피부에 좋다.

천연팩을 할 경우 중성 피부는 해초팩, 수박팩, 사과팩 등이 좋다. 해초팩은 피부를 청결하고 건강하게 가꾸는데 효과적이다. 수분이 많은 수박으로 팩을 하면 피부가 촉촉해지고 미백효과도 있다. 사과에는 사과산, 레몬산, 비타민 A, C 등이 풍부해 피부를 희고 건강하게 만들어준다.

지성&여드름 피부는 딸기팩, 오이팩, 토마토팩이 좋다. 딸기팩은 미백, 수렴, 보습작용이 뛰어나서 지성피부, 여드름 피부에 좋다. 오이팩 역시 보습효과가 뛰어나고 염증을 진정시키는 효과가 있다. 토마토팩은 코의 거뭇거뭇한 블랙헤드의 기름 성분을 없애 주는데 효과적이다.

건성피부는 바나나팩, 포도팩, 참깨팩이 좋다. 바나나팩은 보습작용이 뛰어나서 건성피부를 촉촉하게 만든다. 포도팩은 과육뿐만 아니라 포도씨도 좋은 미용효과를 준다. 참깨팩은 푸석푸석한 건성피부에 좋은 재료, 윤기와 팽팽함을 찾아준다.

피부 전문가들은 시간 외에 우리의 피부를 늙게 하는 요인으로 선천적 노화와 후천적 노화를 들고 있다. 선천적 노화, 즉 유전성 노화는 20대 중반에 시작된다. 이 시기가 되면 콜라겐 생성이 느려지고 피부를 눌렀을 때 빨리 제자리로 돌아가게 하는 피부 속 성분인 엘라스틴도 그 힘을 잃는다. 이런 피부의 변화는 유전적 성향이 강해 부모의 주름이 깊다면 본인도 나이가 들어 주름이 깊어질 가능성이 크다.

하지만 부모의 피부가 주름이 깊고 탄력이 없다고 포기할 필요는 없다. 후천적인 노화는 다양한 환경적 원인에 의해 겪게 되므로 조절 가능하다. 특히 얼굴 피부를 손상하는 원인의 80% 이상이 햇빛과 바람이라고 알려졌다. 이런 후천적 노화는 다양한 방법과 노력으로 노화의 속도를 늦추고 손상을 되돌릴 수도 있다. 안티에이징 제품을 사용하는 것도 방법이다. 이때 본인의 피부 상태에 맞는 제품을 제대로 고르는 안목이 특히 중요하다.

피부는 매일매일 조금씩 노화가 진행되기 때문에 약간의 문제가 생겼을 때 빨리 인지하고 적절한 치료를 시작하는 것이 중요하다. 특히 대표적인 노화의 증상인 주름과 탄력 저하의 경우 이미 어느 정도 진행된 후라면 이를 본래의 피부로 되돌리는 데 적지 않은 시간과 노력, 비용을 필요로 한다.

본격적인 피부 노화는 25세를 전후로 나타나므로 20대에는 예방 중심의 프리안티에이징을, 30대부터는 본격적인 노화에 대비하는 기초 작업을 시작하는 것이 좋다. 40대 이후에는 보다 적극적인 안티에이징 방법이 필요하므로 나이대별 피부의 변화와 자신의 피부 상태를 미리 알고 대비해야 한다.

연령별 노화 현상을 살펴보면 20대는 25세를 기점으로 피부 탄력을 좌우하는 콜라겐과 엘라스틴이 감소한다. 하지만 적절한 관리만으로도 본래의 피부로 돌아갈 수 있는 시기다. 무엇보다 활동량과 피지 분비가 많기 때문에 피부를 청결히 하고 수분 공급, 자외선 차단에 신경 쓴다.

30대는 피부색이 칙칙해지고 기미, 주근깨 등 색소 침착과 피부 트러블, 잔주름과 피부 처짐이 나타난다. 30대는 피부 관리에 특히 신경 써야 하는 시기로 충분한 보습과 영양 공급을 통해 세포를 활성화시킨다. 또한 피부에 맞는 팩과 영양크림을 바르고 주 1~2회 혈액순환을 위한 집중관리를 요한다.

40대에는 주름이 자리 잡고 탄력 저하가 눈에 띄게 심해진다. 피지선의 기능이 나빠져 얼굴 피부의 탄력과 윤기가 떨어지고 세포 재생 능력도 50% 가까이 둔해진다. 이 시기에는 건조한 증상이 심각해져 각질이 두꺼워져 기능성 안티에이징 화장품을 발라도 흡수가 제대로 되지 않는다.

피부 미인으로 거듭나려면 충분한 수면을 취하고 밤 시간대에 알맞은 피부 관리를 해주는 것이 필수다. 피부 휴식과 원활한 재생을 돕는 한밤 중 피부 관리 요령이다.

피부 노화를 막기 위해 낮 동안 피부 보호에 힘썼다면 밤에는 피부 복구에 관심을 기울여야 한다. 피부는 인체시계와 마찬가지로 24시간의 주기적 리듬을 타고 있다. 낮 동안 손상된 피부는 밤 시간 동안 재생작용을 통해 스스로 회복된다. 낮 시간인 오전 10시~오후 1시경에는 땀샘의 활동이 활발해지면서 땀과 피지의 분비가 많아진다. 반면에 오후 7시~다음날 오전 4시경에는 혈류량이 늘고 각질의 배출량이 많아진다. 또한 세포 재생 활동과 피부의 흡수 작용이 활발하게 일어나면서 수분 손실도 늘어난다.

물 많이 마시기, 외출 시 자외선 차단제 바르기, 금연도 피부 재생 능력을 높이는 데 도움이 된다. 오후 10시~다음날 오전 4시경에 반드시 수면을 취하는 습관을 기르는 것도 중요하다. 실내 습도는 40~60%를 유지하는 것이 알맞다. 자정~다음날 오전 4시경은 피부의 흡수 작용이 가장 활발한 시간대로 잠들기 전 항산화 성분의 화장품을 사용하면 피부 관리에 도움이 될 수 있다. 비타민과 재생 촉진을 돕는 식물성 성분이 농축되어 있는 기능성 오일을 활용해 간단한 마사지를 해주는 것도 방법이다.

노화의 증상 중 가장 대표적인 것은 탄력 저하와 주름, 건조함이다. 피부 탄력 저하의 가장 큰 원인은 자외선, 탄력뿐 아니라 피부 노화의 80% 이상은 자외선 때문이라 할 수 있다. 특히 피부 탄력도가 정상적인 사람도 나이가 들면 햇빛의 광분해 현상 때문에 엘라스틴 섬유 조직이 타격을 받아 섬유 조직이 끊어지거나 변형되어 처짐과 주름이 나타난다는 사실을 명심해야 한다.

따라서 자외선만 적절히 관리한다면 얼마든지 노화 속도를 늦출 수 있기 때문에 적극적인 대처로 큰 효과를 얻을 수 있다. 전반적인 탄력 저하에 대한 고민이 가장 본격적으로 시작되는 것은 40대다. 특히 피지선의 기능이 떨어져 윤기가 눈에 띄게 줄어들면서 세포 재생이 50% 가까이 둔해지고 진피 조직이 약화되어 피부 탄력이 급격히 저하되고 피부색이 칙칙해지고 윤기가 없어진다. 이 시기에는 사소한 자극에도 피부 회복 속도가 느려져 눈 밑, 뺨, 턱 등의 부위가 늘어지기 시작하며 탄력이 매우 저하된다.

꾸준한 자외선 차단제 사용과 홈 케어가 필요하며 충분한 수분 섭취, 항산화제 섭취, 운동 등의 생활 습관도 중요하다. 보습과 영양크 림 역시 중요한데, 마른 체형이거나 살이 급격히 빠졌거나 유난히 얼굴 살이 없다면 피부가 좀 더 빨리 처지고 주름이 형성될 수 있다. 급격한 다이어트와 무리한 운동 역시 피부 탄력을 떨어뜨리는 원인 이 된다. 또 피부가 건조하면 탄력 저하 속도가 더 빨라질 수 있으니 각별히 유의해야 한다.

건조함은 모든 피부 노화의 근본적인 원인이다. 나이가 들수록 피 부가 메마르고 푸석푸석하며 건조하다는 느낌을 갖게 된다. 피부 건 조는 피지 분비량과 밀접한 관계가 있다. 각질층의 수분 방어 능력, 수분 보유 능력이 감소해 표피의 지질량이 감소하는 것, 피지 분비 량은 12세 정도부터 증가하기 시작해서 25세까지 가장 많아지며 30 세를 지나면서 서서히 감소한다. 정상적인 피부 수분 함량은 10~20%이고, 각질층의 수분이 10% 이하일 때 건조함이 느껴진다. 50대를 넘어서면 건조함 때문에 각질이 생기고 가려워질 뿐 아니라 건성 습진으로까지 발전할 수 있다.

30대 이상이라면 기초 스킨케어 제품에 수분크림을 반드시 추가 해야 한다. 40대 이상이라면 유분을 충분히 공급할 수 있는 영양 크 림이 필수다. 건조함이 느껴지지 않더라도 수분 공급 팩을 일주일에 한 번 정도 해주는 것이 좋고 피지샘이 덜 발달된 눈가나 입 주위, 손 등은 더욱 신경 써서 관리하는 것이 좋다. 40대 이상이라면 유분크 림이나 페이셜 오일을 활용하는 것이 좋다. 오일만 사용하는 것이 부담스럽다면 크림이나 로션에 오일을 한두 방울 떨어뜨려 사용하면 된다.

주름은 자연 노화나 외적 자극 등에 의해 진피를 구성하는 성분이 줄어들고 위축되면서 피부의 볼륨이 감소해 생기는 현상이다. 팽팽하던 고무풍선에서 바람이 빠지면서 풍선 표면이 쭈글쭈글해지는 것과 같은 이치다. 나이가 들면서 자연 노화에 의해 피부 진피층의 콜라겐, 탄력 섬유, 히알루론산 등이 파괴되고 피부 노화의 주범인 자외선도 이러한 물질의 파괴를 촉진해 주름이 생성된다. 즉 나이가 들면 피부 아래에 위치한 콜라겐 층이 점점 줄어 표피가 아래로 꺼지게 되어 주름이 생기는 것이다. 이렇듯 탄력을 잃어 주름이 생긴 피부는 회복하기 힘들뿐 아니라 실제보다 더 나이 들어 보이는 원인이 된다.

가장 주름 케어가 필요한 것은 바로 30대. 노화가 본격적으로 진행되는 시기로 피부가 건조해져 각질이 일어나고 색소 침착이 심해진다. 조금씩 쌓여온 환경에 의한 손상이 얼굴 전체에 나타나게 되는 것. 20대 후반부터 보이던 잔주름이 자리를 잡아가고 임신, 출산 등으로 노화가 급격히 진행된다. 콜라겐 생성 속도가 현저히 느려지고 피부는 한층 탄력을 잃고 늘어지며 피부의 두께도 얇아진다. 또 피부의 수분이 줄어 윤기가 눈에 띄게 사라지고 날렵한 윤곽이 서서히 무너지기 시작한다. 이때부터는 타고난 피부의 아름다움보다 노력해야 아름다워 보이는 나이가 되는 것이다. 색소와 주름을 예방하는 비타민 C와 비타민 E 함유 제품을 사용하고 눈이나 입 주위는 레티놀 성분 제품을 바른다.

안티에이징 노화를 예방하는 생활 수칙이 있다. 겨울에도 자외선 차단제를 바르는 것이다. 담배를 피하고 지나친 음주와 과로를 삼가해야 한다. 찬물 세안 등으로 피부 긴장감을 유지해 준다. 피부의 각질과 오염물질을 제거해 피부를 청결히 한다. 충분한 수면을 취하고 규칙적인 생활 리듬을 유지하는 것이 피부 노화를 막는데 가장 일반적으로 지킬 수 있는 좋은 방법이다.

24
때로는 영화 속
줄리아 로버츠처럼

아주 오래 전 줄리아 로버츠가 출연한 영화를 보고, 영화 속 주인공처럼 헤어팩을 따라하다 웃지 못할 에피소드가 생긴 적이 있다. 여주인공은 익숙한 손놀림으로 긴 웨이브 머리에 마요네즈를 듬뿍 바르면서 상대와 대화하는 장면이었다.

어찌나 멋져 보이던지 한번 따라했다가 머리에서 풀냄새가 난다는 이유로 친구들에게 놀림을 당한 적이 있다. 샴푸제를 생략했기 때문이다.

여성의 경우 헤어드라이어와 헤어 스타일링 제품을 필요 이상으로 사용해 두피와 모발이 손상되는 경우가 적지 않다. 이럴 때 펌이나 헤어드라이어의 사용은 되도록 피하고 모발에 필요한 영양분을 골고루 섭취해 주는 것이 중요하다.

두피에 좋은 음식은 미역과 같은 해조류로 머리카락이 자라는 것을 촉진시키는 효과가 있다. 해조류에 들어 있는 요오드 성분이 모발이 자라나는데 필요한 갑상선 호르몬의 원료가 되기 때문이다. 우유는 두피와 모발에 단백질을 공급해 주고 콩류는 두피클리닉에서 탈모를 예방하는데 대체 식품으로 사용될만큼 뛰어난 효과를 가지고 있다.

달걀은 헤어팩을 할 때 주로 사용하는데 특히 달걀흰자는 모발의 찌든 때를 벗겨냄과 동시에 단백질과 유분을 공급하는 효과가 있다. 녹차의 경우 자주 마시게 되면 탈모를 유발하는 호르몬 DHT 생성을 억제하는 효과가 있어 두피 건강에 좋다.

반면 두피 건강을 해치는 식품으로는 라면, 햄버거 등의 인스턴트 식품과 패스트푸드다. 담배 니코틴은 혈액순환을 방해하고 폐의 기능을 저하시켜 두피 건강에 백해무익한 제품이다. 커피는 적당히 마시면 괜찮지만 마시는 양이 늘어나면 두피에 자극을 준다. 맵거나 짠 자극적인 음식도 마찬가지다. 가급적 규칙적인 식습관을 갖도록 하며 수면 시간을 길게 가지는 것도 두피환경을 민감하게 만들지 않는 방법이 된다.

스트레스를 많이 받으면 두피가 민감해져 탈모가 되기 쉽다. 스트레스를 그때 그때 풀 수 있는 운동이나 여가생활을 찾아보는 것이 좋다.

두피의 혈액순환을 원활하게 하는 마사지는 탈모 증상의 개선에 도움이 된다. 평소 샴푸를 할 때도 마사지를 병행하면 두피와 모발을 건강하게 가꿀 수 있다. 박혜윤 아모레퍼시픽 헤어 케어 연구원은 탈모 예방을 위해 관자놀이를 비롯한 눈 주위의 혈액순환이 잘되도록 마사지하는 것이 중요하다고 말한다. 두피 마사지를 할 때는 먼저 한 손으로 정수리를 잡고 천천히 목과 승모근을 늘려 스트레칭한다.

이 동작을 좌우 동일하게 반복하면 림프의 흐름을 촉진시켜 목과 두피의 긴장을 완화시킬 수 있다. 이어서 양 손가락을 펴고 손끝으로 작은 원을 그리면서 정수리에서 아래쪽으로 두피를 마사지 해준다. 그리고 주먹을 쥐고 귀 뒷부분부터 정수리 중앙까지 리듬을 타듯 가볍게 여러 차례 두드리면 혈액순환과 신경 기능 조절에 도움이 된다. 마무리 동작으로 양 손가락을 가볍게 펼쳐 정수리에서 아래쪽으로 힘을 줘 두피 전체를 골고루 쓸어내린다.

머리를 말릴 때는 타월로 수분을 충분히 흡수시킨 후 자연 건조를 시키는 것이 좋다. 스프레이나 왁스 같은 헤어스타일링 제품은 두피에 닿지 않게 사용하는 것이 좋다. 외출에서 돌아오면 모발에 남아 있는 헤어 스타일링 제품의 잔여물을 샴푸 등으로 깨끗이 씻고 취침해야 탈모를 예방할 수 있다.

탈모로 머리숱이 줄면 다양한 헤어스타일을 연출하기 쉽지 않다. 정수리 부분이 납작해 보이고 머리카락이 가늘고 힘이 없어지면서 생기가 없어 보인다. 특히 중장년층 여성은 나이가 들면서 자연적으로 노화가 진행되기 때문에 머리카락이 약해지고 빠질 수 있다. 그러나 식습관을 건강하게 유지하고 규칙적인 운동으로 혈액순환을 원활하게 해주면 이와 같은 증상을 예방하고 완화할 수 있다.

푸석거리는 모발의 원인은 유분과 수분이 부족한 상태로 볼 수 있다. 이런 경우 머리를 자주 감는 것은 머리를 더욱 건조하게 만들기 때문에 이틀에 한번 정도로 감는 것이 좋으며 유분과 수분이 함유된 트리트먼트제로 두피에 영양을 풍부하게 공급해주는 것이 좋다. 일주일에 두 번씩 영양제를 바르고 스팀 타월을 이용해 수분과 영양 공급을 충분히 해주며, 모발이 심하게 손상된 경우라면 머리칼의 큐티클 층이 파괴된 경우이므로 갈라진 부분에서 2~3cm 윗부분을 잘라주는 것이 머리카락을 타고 위로 올라오지 않게 막아주는 방법이 된다.

염색으로 거칠어진 모발은 회복시켜주는 것이 중요하기 때문에 트리트먼트 등의 헤어케어가 필요하다. 알로에 가루나 다시마 가루를 정수된 물과 섞어 두피에 바르면 두피가 진정되고 보습에도 효과적이다. 바른 후 10~15분 후에 헹군다. 와인 한 컵에 계란 노른자를 잘 섞어서 감고 난 깨끗한 모발에 발라줘도 좋다. 모발을 아래로 쓸어내리는 마사지 동작을 함께 해주면 팩이 더 잘 흡수된다. 수건으로 머리를 감싸거나 헤어 캡을 쓰고 15분 후에 헹군다.

골이 갈라지거나 끊어지는 모발은 끝이 둥근 브러시를 사용하며 상한 모발 끝은 과감히 잘라내어 그 부분에 에센스를 듬뿍 발라준다. 녹차팩은 한 컵 정도의 물에 녹차 티백을 넣어 물이 반으로 줄 때까지 끓이다가 물을 식혀 모발과 두피에 바른다. 구기자팩은 샴푸 후 마지막에 구기자를 우려낸 물로 헹구어 낸다. 특히 굵고 뻣뻣한 모발은 잘 상하지 않는 대신 억세 보이기 때문에 부드럽고 찰랑거려 보이게 하는 것이 중요하다. 레몬팩으로 샴푸 후 마지막 헹굼물에 레몬즙 몇 방울을 떨어뜨리면 모발이 부드럽고 윤기 있어 보인다.

찜질방에 오랫동안 있다 보면 머리가 푸석푸석해지고 머리카락에 힘이 없어진다. 고온 건조한 실내가 모발에 자극을 준 것이다. 찜질방에 들어갈 때는 젖은 머리를 완전하게 말리고 나서 들어가는 것이 좋다. 또 모발 전체에 헤어 로션이나 에센스를 듬뿍 발라 미리 보호막을 만들어주는 것이 예방책이다. 수건으로 머리를 싸고 있는 것도 좋은 방법이다. 찜질방에 갔다 와서는 가늘어지고 건조해진 모발에 영양과 수분을 충분히 공급해주는 트리트먼트와 스팀타월로 머릿결을 보호해준다.

심하게 푸석거린다면 꿀 팩도 괜찮다. 깨끗한 모발에 약간의 물기만 남겨두고 잘 발라서 3~5분 정도 둔다. 꿀은 끈적거리기 때문에 세심하게 헹궈야 한다. 영양을 공급하는 것도 필요하지만, 특히 두피에 신경 써야 한다. 머릿결을 결정하는 것이 두피이기 때문에 두피가 건강해야 모발로 영양이 고루 가게 된다.

샴푸만 잘해도 두피가 영양을 받으면서 탄력이 생긴다. 두피를 손가락 끝으로 비비고 주무르고 튕겨주면서 적어도 3분은 감아야 한다. 자기 전에 클렌징을 하는 것처럼 샴푸도 저녁에 하는 것이 좋다.

오후 10시~오전 3시가 세포가 재생되는 시간이기 때문이다. 단, 완벽하게 말리고 자야 한다. 젖은 상태로 자면 습하고 따뜻한 곳을 좋아하는 비듬균을 초대하는 셈이다. 피부 타입에 따라 화장품을 선택하듯 두피도 민감·지성·건성 등 타입에 따라 선택하면 좋다.

머리 감기 전 두피 마사지와 빗질을 해주면 샴푸 효과를 좀 더 높일 수 있다. 혈액 순환이 좋아져 불순물이 쉽게 떨어진다. 마사지라고 해서 어렵게 생각할 필요가 없다. 머리 끝을 손에 말듯이 잡아 가볍게 주물러 주는 정도만 하면 된다. 빗질은 두피의 혈행을 자극해서 모근을 튼튼하게 해준다. 빗을 때는 앞쪽에서 뒤쪽으로, 왼쪽에서 오른쪽으로 빗어주는 것이 좋다. 남부럽지 않은 머릿결을 유지하는 비결은 피부에 하듯 두피에도 세심한 관리와 영양을 공급하는데 있다.

모발의 최대의 적은 수분과 열이다. 실크처럼 부드러운 감촉과 촉촉히 적당히 수분을 보유하고 있는 광택과 윤기가 나는 모발을 갖는 방법을 소개한다. 갈라진 머리카락을 해결하는 방법을 찾는다면 컷트하는 방법도 있겠지만 임시방편에 불과하다. 갈라진 머리카락이나 손상된 머리카락은 표피의 상함이 원인이므로 먼저 그 환경을 개선해야 한다. 에어컨이나 드라이어에 의한 건조가 너무 심하거나 자외선도 악영향을 주기 때문에 햇살이 강할 때는 모자를 착용해야 한다.

브러싱을 너무 한다던가 샴푸 횟수가 너무 많은 것도 좋지 않다.

특히 머리카락이 젖은 상태에서 브러싱하거나 그대로 자버리면 표피가 마찰탓으로 손상된다. 완전히 말리지 않은 상태로 외출하는 것 역시 표피에 자극을 주는 방법이니 아무리 바빠도 다 말리고 외출하는 것이 좋다.

표피는 자극에 약하기 때문에 타월이나 드라이기로 강하게 비벼 말리지 말고, 머리카락을 사이에 두고 두 손바닥을 누르는 것이 포인트다. 헤어타월로 물기를 제거하고 드라이기로 말릴 시에는 처음엔 강한 바람으로 2~3cm 정도 띈 후 말리고 손으로 만져 약간 차겁다라는 느낌이 들면 차가운 바람으로 바꾸어 완전하게 말리면 좋다. 또 드라이기로 말리기 전에 헤어로션이나 에센스를 바른 후 말리면 헤어에 보호막이 생겨 손상도를 더욱 감소시킨다. 자신의 머리카락에 애정을 갖고 손질한다면 더욱 생기 있는 모발로 거듭날 수 있다.

얼굴 피부와 메이크업에 신경쓰는 것만큼 헤어를 관리하는 것도 매우 중요하다. 대기오염, 각종 스타일링제, 잦은 펌이나 염색, 헤어 드라이 등으로 인하여 헤어도 스트레스를 많이 받게 된다. 샴푸를 대충하거나 잘못 말리게 될 경우에는 두피가 습해져서 비듬이 생기는 원인이 되기도 한다. 주 1회 정도 샤워 시에 손쉽게 사용할 수 있는 헤어 트리트먼트제를 머리에 바르고 헤어캡을 씌운 뒤 샤워를 마치고 나서 샴푸를 하게 되면 훨씬 윤기있고 찰랑거리는 헤어스타일을 연출할 수 있다. 부지런한 여성이 아름다움을 선도하기 마련이다.

25
하이힐 신고 세상 바라보기

고등학교를 졸업하고 가장 먼저 하고 싶었던 일은 귀를 뚫는 일이었다. 그 시절 모든 소녀들에게 아마도 그것이 로망이었으리라. 메이크업을 하는 것보다 더 우선순위였던 것을 보면 액세서리를 함으로써 이제 나도 어엿한 성인이라는 것을 표현하고 싶었기 때문인 것 같다. 지금 생각해 보면 그 시절엔 왜 그리도 하고 싶은 게 많았고, 하지 말라는 일들은 왜 그리 많았는지 감회가 새롭다.

두 번째로 하고 싶었던 일은 굽 높은 구두를 신는 일이었다. 인생의 첫 구두는 대학교 입학 시험을 치른 후 구입한 7cm 높이의 통 굽이었다. 통통, 또각또각 소리를 내는 아찔한 통 굽 구두를 신은 내 모습을 보고 친구의 어머님은 발목 조심하라며 염려하신 기억이 난다.

처음으로 선택한 구두는 여성에게 패션스타일은 물론 직업에 대한 희망, 더 나아가 남성에 관한 취향까지 인생에서 중요한 부분을 차지하게 될 요소들을 어렴풋하게 결정짓는다. 컬러감이나 디자인은 엉망이지만 발이 편안한 구두를 선택하는 여자와 조금 불편하고 위태롭지만 날렵하고 세련된 구두를 선택한 여자. 두 여자의 삶이 전개되는 방식과 스토리는 분명 달라질 것이다.

여성들을 열광시키게 만들고 한눈에 반하게 만드는 구두의 매력은 어떤 구두를 신느냐에 따라 똑같은 블랙원피스도 전혀 다른 옷처럼 보이게 만드는 힘이다. 화려한 쥬얼리, 유명 브랜드의 가방조차도 이런 드라마틱한 파워를 갖고 있진 않다.

허리를 곧게 펴고, 엉덩이를 바짝 긴장시킨 채 경쾌하게 울리는 굽소리를 들으며 걷다 보면 아드레날린 지수가 최고조에 이른다. 굽소리는 때론 자신감을 고조시키는 격려가 되기도 하고, 때론 우울하게 가라앉은 기분을 흔들어 깨워주는 상쾌한 음악이 되기도 한다.

가끔 날렵한 힐이 보도블록 사이에 끼거나 발목을 삐끗해 휘청거릴 때도 있지만 시간이 지나다 보면 어떤 길을 피해야 하는지, 어떻게 걸어야 조금 편안하게 되는지 그 노하우를 터득할 수 있게 된다.

내가 상상하던 멋진 여성의 모습은 바로 그런 것이었다. 자신이 원하는 게 무엇인지 분명히 알고 즐거움과 열정을 갖고 일하는 여자, 자신이 정말 잘할 수 있고 몰두할 수 있는 일을 찾은 덕분에 늘 자신감이 넘치고 당당한 여자, 타이트한 펜슬 스커트를 입든 매니시한 팬츠 수트를 입든 언제 어디서나 앞코가 날렵하게 잘 빠진 하이힐을 신는 여자말이다.

하이힐은 여성에게 멋진 룩을 완성하는 첫 단계이자 마지막 단계다. 물론 액세서리도 패션의 완성중 하나겠지만 스타일리시를 연출하는 하이힐은 결코 거부할 수 없는 아이템이다. 힐의 높이는 나만의 자신감이라고 생각할 정도로 중요하다. 워킹우먼으로서 자신감을 표현할 수 있는 최고의 도구이기 때문이다. 하이힐은 우울함을 자신감으로 바꿔주기도 하고, 평범함을 특별하게 만들어 주기도 한다. 현대에 들어와 하이힐의 섹시한 이미지는 오히려 더 강해졌다. 힐은 점점 더 높아졌고, 신체적 불편과 고통을 기꺼이 감내한 채 여성들은 하이힐을 포기하지 않았다. 요즘 하이힐은 여성의 전유물임에 틀림없지만 단순히 성적인 면만을 부각시키지는 않는다.

몸의 바디라인이 살아나면서 여성들은 자신감을 갖게 되었고 여성스러우면서도 당당한 이미지를 풍기는 방향으로 발전했다. 커리어우먼을 얘기할 때 하이힐에 빗대어 말하는 것도 이런 연유에서일 것이다. 하이힐을 신고 남성과 동등한 높이에서 세상을 바라볼 수 있다는 것, 자신감과 평등함, 여기에 섹시함까지 하이힐에 대한 애정은 멈출 수가 없다.

스틸레토(stiletto)는 이태리어로 '송곳칼'을 뜻한다. 뾰족한 앞코와 송곳처럼 가늘고 긴 굽이 달린 하이힐을 말한다. 아찔하다는 표현이 어울릴 만큼 높고 가느다란 스틸레토힐은 아슬아슬하지만 섹시한 매력을 내기에 더 없이 훌륭한 구두다. 다른 말로 스파이크힐(spike heel)이라고도 부른다.

펌프스(pumps)는 끈이 없고 발가락 부분이 막힌 구두, 즉 흔히 볼 수 있는 평범한 여성 구두를 말한다. 보통 앞코가 둥글면서 적당히 뾰족한 형태인데 앞코가 완전히 둥근 것은 라운드 토 펌프스, 네모진 것은 스퀘어 토 펌프스로 분류한다.

플랫폼(platform)은 펌프스의 형태에서 앞굽이 높게 디자인 된 구두다. 보통 3~4cm의 앞굽이 있는 것이 클래식한 플랫폼 슈즈지만 최근에는 앞굽만 5cm에 달하는 디자인도 있을 만큼 높은 플랫폼 슈즈가 인기다. 앞굽이 있기 때문에 뒷굽이 높아도 비교적 편안하게 신을 수 있다.

발레리나 플랫(ballerina flat)은 발레리나들이 즐겨 신는 토슈즈에서 영감을 얻은 것이다. 발레리나 플랫슈즈는 1cm도 되지 않는 납작한 굽과 앞코에 작은 리본이 달린 귀여운 디자인이 특징이다. 살바토레 페라가모가 토슈즈에서 영감을 얻어 만든 '오드리'라는 이름의 플랫 슈즈가 영화 「로마의 휴일」과 「사브리나」에 등장하면서 선풍적인 인기를 끌기 시작했다.

슬링백(sling back)은 앞코가 막혀 있고 뒤꿈치는 뚫려 있는 구두다. 펌프스와 샌들의 중간 정도로 생각하면 된다. 뒤꿈치에는 밴드가 달려 있어 발을 고정시킬 수 있다. 반대로 뒤꿈치는 막혀 있고 앞코의 발가락 부분만 뚫려 있는 디자인은 오픈토(open toe)라 부른다.

옥스퍼드(oxford)는 옥스퍼드 대학생들이 부츠에 반대해 납작한 구두를 신기 시작하면서 유래된 남녀공용 구두다. 남자들의 정장용 구두처럼 얇은 끈을 묶도록 디자인되어 있고 앞코 부분만 흰색이나 브라운으로 덧대어져 있는 것이 클래식한 스타일이다.

웨지(wedge)는 1940년대 후반에 크게 유행했던 구두로 앞굽에서 뒷굽까지 한번에 연결된 형태의 구두를 칭한다. 앞굽은 낮으면서 점차 뒷굽으로 갈수록 높아진다는 점에서 앞굽과 뒷굽의 높이가 같은 통굽 슈즈와는 전혀 다른 스타일이다. 전통적인 밀짚 소재로 만든 웨지힐을 에스빠드류라고 부르며 최근에는 금속, 우드, 코르크 등 다양한 소재의 굽이 사용되고 있다.

로퍼(loafer)는 굽이 낮고 발등을 덮는 스타일로 사전적 의미인 '게으른 사람'에서 유래된 명칭이다. 그만큼 편안하게 신을 수 있다는 의미로 뛰어난 착용감을 자랑하며 치노 팬츠와 함께 매치해 신는 아메리칸 캐주얼 룩의 대명사다.

앵클 스트랩(ankle strap)은 말 그대로 발목 부분을 스트랩으로 묶거나 감을 수 있도록 디자인된 구두다. 보통 하이힐 펌프스에서 많이 볼 수 있는 디자인이며 발등 사이에 스트랩이 하나 더 들어가 T자 형태가 되면 T스트랩 슈즈, 발목이 아닌 발등에 스트랩이 달리면 메리제인 슈즈라고 부른다.

부츠(boots)는 앵클부츠, 싸이하이 부츠, 부티로 나뉜다. 일반적으로 부츠는 종아리까지 감싸는 디자인을 말하는데 발목까지 올라 오는 것은 앵클부츠, 허벅지 위로 올라오는 것은 싸이하이 부츠, 복사뼈까지만 올라오는 것은 부티라고 부른다.

날씨가 쌀쌀해지기만을 기다렸다는 듯 겨울에는 양털 부츠를 꺼내 신은 사람들을 거리에서 만나볼 수 있다. 부츠는 보통 겨울철에 발목이나 종아리를 따뜻하게 하기 위해 신는 신발이다. 하지만 몇 년 전부터 다채로운 디자인과 소재의 부츠들이 선보이면서 가을에도 멋을 내기 위해 부츠를 착용하는 경우가 늘고 있다. 특히 청바지와 치마 등 여러 가지 옷에 두루 어울리는 장화 모양의 양털 부츠가 유행이다. 좋은 품질의 양모는 열을 흡수하고 발의 땀을 건조시켜 착화감이 좋고 몸의 온도를 유지시켜주는 기능이 있다.

기존의 클래식한 양털 부츠 외에도 웨지힐 가죽 부츠나 스니커즈 모양을 변형한 과감한 디자인도 선보이고 있다. 가죽 끈으로 발목 위를 감싸는 레이스업 스타일은 여성스러운 분위기를 강조하는데 레깅스 위에 니삭스(무릎까지 올라오는 스타킹)를 덧신고 미니스커트나 쇼트 팬츠에 매치할 수 있다. 개성 있는 것을 원한다면 통굽 웨지힐 스타일의 양털 부츠를 고른다.

일반 가죽 부츠와 다르게 신발 안쪽에 천연 양털을 더해 보온성이 높다. 트레이닝복이나 청바지처럼 편안한 차림에는 스니커즈 모양의 양털 부츠가 어울린다. 단 트레이닝 룩으로 연출할 때는 상하의 모두 헐렁한 느낌보다는 몸에 살짝 달라붙는 정도가 날씬해 보인다. 여기에 니트로 된 롱 가디건을 외투로 입으면 멋스럽다. 기본적인 장화 모양을 선호한다면 기존의 갈색 계열에서 벗어나 자줏빛이 감도는 '라즈베리 로즈', 푸른색에 가까운 '컨트리 블루' 등 새로운 색으로 변화를 줄 수도 있다. 종아리가 굵은 편이라면 무릎까지 올라

오는 롱부츠를 신는 것이 다리가 날씬하게 보인다.

스타일이 좋은 세련된 여자가 되기 위해서는 무엇보다 기본에 충실한 베이식 아이템들을 차곡차곡 모아두는 것이 좋다. 한 시즌이 지나면 잊혀지는 트렌디 아이템이 아니라 몇 년이 지나도 계절이 돌아올 때마다 다시 꺼내 입을 수 있는 옷과 구두를 말한다.

매 시즌 새로운 구두를 사들이면서도 어쩐지 촌스러운 사람이 있는가 하면 무난하고 심플한 구두 몇 컬레만을 가지고도 언제나 멋진 옷차림을 완성하는 사람이 있다. 그 비밀은 베이식한 아이템의 중요성을 제대로 인식하고 반드시 필요한 아이템을 갖춘 상태에서 스타일링 하기 때문이다. 세련된 옷차림을 위해 꼭 갖춰야 할 베이식 슈즈는 어떠한 것인지 살펴보도록 하자.

우선 클래식한 블랙 펌프스다. 시크한 정장 차림에도, 우아한 원피스에도 잘 어울리는 아이템이다. 언제 어디서나 여자를 우아하게 보이게 하는 블랙 펌프스는 디자인에 따라 분명 어떤 스타일에도 근사하게 어울리는 머스트 해브다. 블랙 펌프스 중에서도 다양한 의상에 매치하기 위해서는 최대한 간결한 디자인을 갖고 있는 것이 좋다. 버클이나 로고 등의 장식이 전혀 배제된 것, 앞코가 동그란 것보다는 약간 뾰족한 클래식한 디자인은 스커트나 팬츠에 아주 잘 어울린다.

다음은 높고 아찔한 플랫폼 슈즈다. 앞굽이 높은 덕분에 15cm가 넘는 하이힐을 부담 없이 신을 수 있어 좀 더 근사한 실루엣을 연출할 수 있다. 굽이 높은 플랫폼 슈즈는 심플한 옷차림에도 트렌디하게 업그레이드 시켜준다. 플랫폼 슈즈는 무엇보다도 레깅스와 스키니 진에 잘 어울리는데 가늘고 긴 하의와 투박한 구두의 매치가 극적인 실루엣을 연출하기 때문이다. 블랙 레깅스나 다양한 컬러의 스키니 진에 박시한 재킷이나 롱 셔츠 등을 매치해 입고 플랫폼 슈즈를 신게 되면 파리지엔들이 즐겨 입는 시크한 룩이 완성된다.

귀엽고 사랑스러운 메리제인 슈즈는 1920년대부터 여성들이 즐겨 신었던 슈즈다. 다양한 굽 높이와 다양한 디자인으로 선보이는 클래식한 구두다. 특히 여성들이 즐겨 입는 원피스나 스커트 같은 페미닌한 의상에 메리제인만큼 잘 어울리고 활용도가 높은 구두도 드물다. 메리제인 슈즈의 매력은 사랑스럽고 귀여운 분위기를 연출해준다. 하이힐이든 플랫슈즈든 발등에 스트랩이 달린 메리제인 슈즈를 신는 순간 여성들은 단숨에 사랑스러운 이미지로 거듭난다. 따라서 의상 역시 여성스럽고 로맨틱한 느낌의 아이템이 잘 어울리는데 그 중에서도 특히 짤막한 미니원피스가 베스트 매칭 아이템이다.

심플한 디자인의 가죽 롱 부츠는 세련된 룩을 연출하기 위해서 반드시 갖고 있어야 하는 아이템이다. 특히 계절이나 날씨에 상관없이 부츠를 즐겨 신게 된 요즘에는 더욱 그렇다. 부츠는 길이와 디테일에 따라 전혀 다른 스타일을 완성하는데 그 중에서도 심플한 디자인의 가죽 롱부츠는 거의 모든 의상에 매치할 수 있을 만큼 활용도가 높다. 특히 종아리 폭이 너무 타이트하지 않고 앞코가 적당히 둥글며 아무런 장식 없이 무릎 바로 아래까지 올라오는 길이의 것이 좋다. 굽은 너무 얇은 스틸레토보다는 투박한 우드힐로 7cm 정도의 무난한 높이가 실용적이다. 이런 가죽 부츠는 레깅스나 스키니 팬츠 같은 슬림한 하의를 넣어서 신을 수도 있으며 원피스나 스커트와 매치할 때는 다리를 섹시하게 감싸주기도 한다.

하나의 아이템을 더한다면 앵클부츠를 꼽는다. 앵클부츠는 미니스커트나 쇼츠 같은 잘막한 하의와 가장 잘 어울리는 구두다. 종아리가 짧아 보일까봐 걱정이 된다면 복사뼈에서 컷팅되는 짤막한 부츠 부티를 선택하면 된다.

패션디자이너 손정완이 이렇게 말했다. 패션의 마침표는 구두이고 자신은 옷 한 벌을 만들 때에도 시작 스케치보다는 마무리 단계 마침표를 더 중시하는 사람이라고 말이다. 그래서 그녀는 구두를 사랑한다. 어린 시절 아침 일찍 일어나 생일 선물로 받은 빨간 에나멜 신발에 묻은 먼지를 털곤 했다 어머니가 불편하다 말려도 늘 예쁜 구두만 신겠다고 고집을 부렸다. 발이 아파도 꾹꾹 참고 걷다 보니 발가락에 티눈이 박혀 초등학교 5학년 무렵에는 수술을 한 적도 있다. 그러면서 구두에 어울리는 옷을 직접 만들겠다고 우긴 적도 있다.

숙명여대 산업공예과 시절 미대 입시생에게 회화를 가르치며 용돈을 벌었다. 첫 월급을 받자 마자 당시 명동에 있던 구두점 '리차드'를 찾았다. 그곳에서 3만원을 주고 마(麻)줄기를 꼬아 굽을 장식한 소위 '에스파드류(Espadrille)' 한 켤레를 샀다. 발목에 친친 감는 긴 끈이 달린 신발이었다. 지금 같으면 귀찮아서 신지도 않았을텐데 그땐 그렇게 튀는 것이 좋았다. 결국 그 자의식이 그녀를 디자이너로 이끌었다. 열아홉 살 때부터 그렇게 하나 둘씩 사 모은 구두가 이젠 약 300켤레다. 페라가모, 프라다, 구찌처럼 누구나 다 알고 있는 명품 브랜드 구두는 별로 좋아하지 않는다. 마치 숨바꼭질하듯 사람들이 잘 모르는 상표 제품을 건져내는 기쁨을 더 즐긴다. 가진 것 중 1만~2만원짜리 신발이 많고 오래 신어도 발이 아프지 않은 편한 제품이 많은 것도 이 때문이다.

　신발을 신다 보니 무조건 모양이 독특하고 예쁜 것보다는 전체적으로 옷을 받쳐주는 안정적인 제품이 좋다는 걸 알게 됐고 비싼 신발을 사는 것보다 잘 간수하는 게 더 중요하다는 사실도 알았다. 그래서 신발장에 신경을 쓴 것도 이 때부터다.

　신발장은 작은 방처럼 생겼다. 문을 열고 들어가면 그 안에 추억이 깃들어 있는 오래된 신발들이 나란히 짝 맞춰 서 있다. 180cm가 넘는 큰 남편 키에 맞춰 데이트할 때마다 아껴 신었다는 굽이 아찔한 하이힐과 벼룩시장에서 건진 낡은 가죽부츠까지 있다.

　부츠엔 플라스틱 페트병 몸통을 잘라 끼워놓았고, 구두마다 신문지를 구겨 넣어 습기에 젖는 걸 막아놓았다. 칸칸이 받침대를 세워놓는 것도 잊지 않는다.

　옷은 해마다 세탁소에 맡겨 보관하면서도 정작 구두는 소홀히 하는 경우가 많다. 그래서 틈나는 대로 정리하고 관리하려고 노력 중이다. 그 한 켤레 한 켤레가 그 동안 그를 좋은 곳으로 데려다 주었고 좋은 사람을 만나게 해준 고마운 존재이니까 말이다.

현명한 쇼핑을 위한 슈어홀릭들이 전하는 몇 가지 실용적인 충고다. 구두는 절대 충동구매 않는다. 또한 구두를 쇼핑하러 가기 전 이번 시즌에 자신이 즐겨 입을 옷의 스타일과 컬러를 먼저 꼼꼼히 따져봐야 한다. 아울러 원래 구입하기로 마음먹었던 디자인과 컬러의 범위 안에서 쇼핑할 것을 권한다.

구두를 보면 그 사람을 알 수 있다는 말이 있다. 즉 구두는 인격과 품위를 나디내는 중요한 도구이다. 항상 깔끔하고 청결하게 관리하고 보관하는 것을 잊지 말도록 하자.

26
젊음을 만끽하고 싶다면 진(Jean)을 즐기라

현대의 패션의 상징은 청바지다. 청바지는 젊은이들이 가장 멋을 낼 수 있는 바지며 유행을 앞서는 바지, 젊음을 상징하는 바지, 개성을 표현하는 바지 등으로 인식된다. 이런 청바지의 디자인변화, 재질 효과의 변화 등으로 이제 청바지는 그 기본 틀은 유지하되 스타일이 변하고 유행의 흐름도 점차 변화되고 있다.

외국에서 청바지는 남녀노소가 계절 없이 입는 실용적인 옷이다. 그러나 한국의 청바지는 이와는 조금 다르다. 부드러운 촉감을 내느라 가공을 하도 많이 해서 '물세탁 금지' 라는 주의사항이 붙어 있는 청바지도 있다. 즉 한국에서는 실용적인 옷 이상의 의미를 가지고 있다.

또한 고도의 패션상품으로도 통한다. 보다 다양한 표현기법, 보다 다양한 색상, 보다 다양한 질감 등으로 그 종류는 매우 많고 변화의 속도와 함께 반복되는 유행의 선두 아이템이다. 이러한 청바지는 진

(Jean)이라는 직물에서 시작되었다. 올이 가늘고 질긴 능직 면이 바로 진이다. 능직은 사선 방향의 이랑무늬가 있기 때문에 사문직(斜紋織)이라고도 한다. 청바지를 자세히 살펴보면 이러한 조직을 느낄 수 있다.

청바지의 원료가 되는 진은 처음에 마차의 덮개 등을 만드는 용도로 사용되었다. 진의 주된 생산지는 이탈리아 항구도시 제노아였다. '진'이라는 명칭도 제노아에서 유래된 것으로 알려져 있다. 그러나 원료의 생산지도 아닌 미국에서 진이 옷감으로 사용된 것은 한 재단사의 관찰력 덕분이다.

Levi Strauss에 의해 처음 만들어진 이래, 오늘날에는 연령, 성, 인종의 구분 없이 입혀지고 있으며 노동자의 작업복에서 시작한 젊은이들의 저항, 자유, 섹스, 개성의 상징으로 다양한 의미 변천과정을 겪어 왔다. 특히 청년 문화를 대변하는 문화의 주도적 역할도 담당하였다. 젊음, 반항 등 아주 다양한 양식으로 그 시대 젊은 층의 욕구를 대변하는 수단으로 역할도 컸다. 특히 1950년대와 1960년대 당시 작업복으로 성격이 강했던 진이 청년문화의 상징으로 여겨지며 이 시기부터 대다수의 젊은이들은 누구나 한 벌쯤의 진을 소유하게 되었고 그 흐름은 전 세계적으로 유행되면서 패션화 와 다양화가 이루어졌다.

청바지가 본격적인 전성기를 맞이하게 된 것은 1950년대 중반기였다. 전후세대가 자라 새로운 세대를 형성하였을 즈음인데 제임스

던이나 말론 브란도 같은 배우들이 청바지에 가죽 재킷을 입고 반항적인 분위기를 나타냈다. 이때 미국 사회에서 청바지는 반항적 이미지와 기존 질서에 대한 불신, 자유로움, 해방 등을 나타내는 중요한 상징물이 되었다.

1960년대에는 갑자기 페미니즘의 열풍이 몰아치기 시작했다. 남성과 여성이 같은 옷을 입는 소위 유니섹스 모드가 등장했던 것이다. 전통적인 성역할을 거부하고 동등한 입장에서의 경쟁과 성취를 추구하는 새로운 경향과 더불어 청바지는 여성의 해방을 상징하기도 했다. 1970년대에는 미국의 청바지가 세계 젊은이들에게 급속도로 전파되면서 각 나라에서 다양한 문화적 움직임을 일으켰다.

한국에 청바지가 도입된 것은 1950년대였던 것으로 추정한다. 이때는 서양의 괴상한 옷, 예의에 어긋나는 옷. 특히 '내놓은 아이'들만이 입는 옷으로 여겨졌다. 재미있는 것은 이때 청바지를 입는 사람이 '개화한' 사람으로 여겨지기도 했다는 것이다. 한국전쟁에 참전한 미국, 그 미국과 선진문물에 대한 강한 동경, 때로는 멸시들이 청바지에 대해 상반된 인식을 만들어냈다.

1970년대 전후세대가 대학생으로 자랐을 무렵 청바지는 건방지고 불량한 사람들이 입는 옷으로 인식되었다. 그러나 한편으로는 유신과 독재정부에 강력하게 반발하는 젊은이들의 상징이 되기도 했다. 기성세대의 안일한 태도에 반항하고 옳지 않은 정책에 저항하는 젊은이들, 청바지와 통기타 이 때의 세대들이 결코 잊지 못하는 추억 어린 물건의 상징이다.

1980년대에 들어서면서 청바지는 또 한번의 인식 변화를 경험하게 된다. 1982년에 내려진 교복자율화는 중고생들이 교복이 아닌 다른 옷을 입도록 만드는 중요한 계기가 되었다. 이때 교복을 대체한 옷이 바로 청바지였다. 물론 면바지도 있었다. 그러나 청바지는 이때 이미 누구나 입을 수 있는 옷, 더 이상 어떠한 상징도 담지 않은 그저 수수한 옷으로 여겨지기 시작했다.

1990년대 한국의 청바지 시장은 일대 변화를 이루게 되었다. 개성을 추구하는 X세대의 등장과 그들을 노리는 마케팅 전략으로 청바지는 또다시 화려한 변신을 하게 되었다. 본격적인 청바지 브랜드의 등장과 외제 청바지의 유입이 가속화되면서 청소년들은 '이름값하는' 청바지를 입기 위해 안간힘을 썼다. 더구나 단순한 모양의 청바지는 사라지게 되고 배꼽이 훤히 보이도록 지퍼를 짧게 달거나, 다리가 길어 보이게 하기 위해 아랫단 옆선을 터놓거나 혹은 기껏 물들인 청바지를 모래로 탈색시켜 만든 '스노우 진(Snow Jean)'이 등장했다. 멀쩡한 무릎을 찢어 입는 것이 유행하고, 아예 미국에서 입다 버린 청바지를 구제품이라고 부르며 구해 입는 황당한 일들도 일어나게 되었다.

1993년 즈음 헐리우드의 영화 속에서 마약과 술에 의지하면서 사는 불량 소녀와 반항아, 사회적으로 대접받지 못하는 일탈자들이 입고 있는 것은 청바지와 청재킷이다. 드류 배리모어 주연의 건크레이지, 파트리샤 아케트 주연의 트루 로맨스, 줄리엣 루이스 주연의 칼리포니아 등이 그 좋은 예이다. 이들의 패션은 찢어진 청바지, 가죽 재킷, 반쯤 벗겨진 빨간 매니큐어, 어깨를 드러낸 옷, 주먹만한 플라스틱 귀고리, 그물 스타킹 등이다. 그러나 기이하게도 패션업계는 이런 경향에 재빨리 편승하여 이들의 차림새를 패션 특선으로 내놓기도 했다.

소비자의 취향이 다양해지고 고급화의 바람이 불기 시작하면서 유명 디자이너의 라벨을 붙인 새로운 진이 등장했다. 애초부터 청바지가 가지고 있었던 순수와 정열, 젊음의 상징, 실용성은 사라지고 고가(高價), 개성, 필사적인 차별화만이 두드러지게 나타났다.

청바지의 구분은 브랜드에 따른 구분도 할 수 있으나 현대 시대에 청바지의 일반적인 종류를 살펴보자면 우선 일자청바지는 바지의 다리선이 일자로 쭉 뻗어 있는 가장 기본적인 스타일이다. 허벅지는 약간 여유있고 발목쪽으로 갈수록 아주 살짝 줄어드는 스타일이다. 청바지의 원조인 리바이스의 501이 대표적인 스트레이트 진이다.

로라이즈 진(Low Rise Jean)은 한 마디로 밑위 길이가 짧은 청바지다. 가끔 민망할 정도로 속옷을 보여주는 여성들이 있는데 그런 경우 로라이즈 진을 입은 것이다. 아무튼 다리가 길어보이는 효과 때문에 여성들에게 무척 인기가 좋은 스타일이다.

부츠컷 진(boots cut Jean)은 나팔 바지 형식이다. 하지만 옛날의 나팔바지는 정말 나팔 같았지만 요즘 부츠컷은 대체로 무릎라인부터 살짝 넓어지면서 정강이를 길어보이게 하고 다리가 날씬해보이는 효과가 있다.

엔지니어드 진(Engineered Jean)은 리바이스에서 만들어 대 히트쳤던 상품이다. 유럽이나 미주 쪽에서는 잠깐의 인기 후 사그라들어 버렸는데 한국과 일본에서만 여전히 인기가 좋은 진이다. 특징은 청바지의 옆 절개라인이 앞쪽으로 쏠려(Twisted) 있다는 것이고 활동하기에 편하다는 것이다. 다른 메이커에서도 이런 엔지니어드 진 스타일의 바지가 많이 출시되었다.

최근 몸에 슬림하게 붙는 부츠컷 진의 약진으로 많이 인기가 떨어진 감은 있지만 아직도 거리에서 많이 볼 수 있는 진 중 하나다.

워싱진(Washing Jean)은 말 그대로 청바지 원단에 인위적으로 부분부분 물을 빼서 멋을 낸 것이고 논워싱진(Non Washing Jean)은 청바지 원단 그대로로 나온 제품이다. 논워싱진도 열심히 빨다 보면 워싱진이 될 수도 있겠지만 디자이너들이 특정부분에 공을 들여 물을 뺀 것을 워싱진으로 보면 된다.

스키니진은 스키니(Skinny)와 진(Jean)의 합성어로 청바지의 한종류를 나타낸다. 밑통이 좁아 다리에 달라 붙는 스타일을 말한다. 요즘 대세는 스키니 진이다. 모델 케이트모스가 입고 나와 유명해진 이후로 국내 남여 톱스타들이 입고 나와 더욱 유명해졌다. 스키니진은 스키니(Skinny)의 '피골이 상접한' 또는 '말라빠진'의 뜻에서 알 수 있듯이 몸에 딱 맞게 입는 청바지로 체형을 그대로 보여준다. 따라서 개성을 중요시하고 몸매에 어느 정도 자신있는 젊은 남여 모두에게 인기가 있다. 또한 스키니진은 섹시한 몸매를 돋보이게 해줄 뿐만 아니라 다리도 길어보이게 하는 효과가 있다. 최근엔 스키니 진의 유행으로 진이 아닌 일반 면바지와 정장 바지등도 스키니 진 스타일로 슬림하게 나오는 추세다.

불과 몇 년 사이 스키니 진은 일반적인 옷이 되었다. 스키니 진이 본격적으로 유행을 타기 시작하면서 길거리에 스키니 진이라고 하는 타이트한 청바지를 입고 다니는 젊은 여성들이 한 두명 나타나는가 싶더니 해가 갈수록 시들지 않는 유행의 꽃이 되었다.

중요한 것은 기본 틀이 부츠컷이냐, 일자바지냐, 스키니냐 등의 차이일 뿐, 그 기본 틀위에 어떠한 효과를 적용했는가가 중요한 구분 포인트가 되었다. 워싱을 어떻게 해서 질감 표현을 하는지, 어떠한 느낌이 나는지 등 표현 기법이 현시점의 중요한 구분 포인트라고 할 수 있다. 따라서 이러한 포인트를 중심으로 기본 구분 틀은 스키니 진으로 한정하고 그 스키니 진이라는 틀 속에서 원단의 종류, 워싱기법, 색상 등 복합적인 구분 요소까지 감안하여 워싱 청바지 안에서 유행되고 있는 스키니 진의 종류를 구분해서 살펴보자.

검정 스키니 진은 가장 일반적인 스키니다. 한국의 젊은 여성 대부분이 소장하고 있는 아이템이다. 여러 다른 옷과 코디하기도 편하고 일반적인 스키니 진의 한 종류라고 볼 수 있다. 진청 스키니 진은 또 하나의 기본 스키니라고 할 수 있다. 진청의 아이템은 패션 리더라면 무조건 한 개씩 소유하고 있는 아이템이다. 색감이 과도하게 진해서 돋보이고 튀는 효과가 있기 때문에 멋을 낼 수 있는 사람들이 소화할 수 있다.

그레이 스키니 진은 한때 반짝 유행했었던 그레이 진이 발전된 것이다. 즉 유행의 시작 즈음에는 일자바지가 대세였고 그레이 진도 일자바지였다. 그러다 일자바지가 차츰 줄어들고 스키니 진이 지속적 유행이 계속됨에 따라 그레이 스키니 진으로 변모가 이루어 졌다.

구제 스키니 진은 구제라는 용어에서 출발하는데 구제란 말은 참 다의적인 용어이다. 구제는 중고를 의미하는 단어로 인식하기도 하고, 중고처럼 헤짐을 의미하기도 한다. 리바이스 구제라고 하면 전자로 의미하고 일반 구제 워싱 청바지라고 하면 후자를 의미하기도 한다. 물론 이는 일반화된 용어는 아니지만 어느 정도 통용화된 용어라고 볼 수 있다.

오일 워싱 스키니 진은 오일 워싱 말 그대로 오일로 표현한 듯한 스키니 진이다. 기름의 색인 노란색이 약간 누리끼리하게 빈티지한 느낌을 나게 한다. 실제로 식용유나 맥주로 오일 워싱을 한다는 내용도 찾아볼 수 있다. 스노우 워싱 스키니 진은 그레이 진이 주춤하더니 새롭게 나온 용어다. 그레이는 아니지만 아이스 같은 느낌은 스노우 워싱 진이다.

돌청 스키니 진은 구제 스키니로 통용되는 종류로 청바지와 돌을 섞어 막 주무르고 문지른 듯한 표현을 한 스키니다. 원단을 자세히 보면 돌을 막 굴린 듯 군데 군데 돌이 지나간 흔적을 느끼게 만드는 표현 기법이다. 실제로 돌을 사용해 효과를 내기도 한다. 컬러 스키니 진은 일반적으로 소화해 내기 조금 힘들다. 너무 극단적으로 원색적이다 보니 일부 극소수의 사람들만 착용할 뿐 유행을 선도하는 스타일은 아니라고 할 수 있다.

청바지는 젊음을 상징하는 의미기도 하지만 세대를 막론하고 누구나 쉽고 편안하게 즐겨 입을 수 있다는 것이 가장 큰 장점이 있다. 간혹 나이가 지긋한 어른들은 청바지가 젊은 취향이라며 일절 쳐다보지도 않는 경우도 있다. 그러나 그것은 매우 폐쇄적인 발상이다. 머리컬이 희끗한 중년의 남성이나 여성이 청바지를 맵시있게 잘 차려 입은 모습을 보면 저절로 감탄하게 된다. 젊은 세대 못지 않게 여유있고 세련된 모습으로 비춰지기 때문이다. 중년들이여 이제 장롱속 어딘가에 묻혀져 있을 청바지를 꺼내 입으시라. 당신도 진정한 멋쟁이가 될 수 있음을 인식하면서 말이다.

PART 05

Modeling

너무 뜨거우면 머리에 이상이 오고
너무 차가우면 가슴에 이상이 온다
너무 뜨겁지도, 너무 차갑지도 않게
적당한 온도를 유지할 때 건강한 인생을 살 수 있다

27
운이라는 것은
준비된 노력과 타이밍의 결과다

다이앤 폰 퍼스텐버그

내가 그녀를 처음 알게된 건 한 백화점의 런칭쇼에서였다. 다이앤 폰 퍼스텐버그 이름이 길다면 그녀의 이름을 DVF라고 부르자. 코코 샤넬 이후 가장 영향력 있는 패션 디자이너로 손꼽히는 미국패션디자이너협회(CFDA) 회장이자 뉴욕의 대표 디자이너이기도 하다. '랩 드레스(wrap dress)'라는 아이템으로 미국 패션사에 기록되는 인물이다.

1973년 니트 저지 랩 드레스를 출시해 500만장 판매라는 경이적인 기록을 세웠으며 편안하고 실용적이면서도 독립적인 여성의 욕구를 충족시켜 주었다. 여성들은 낮에는 사무실에서 저녁에는 보석과 하이힐로 변화를 주며 이브닝 웨어로도 활용했다.

랩 드레스는 평범한 원피스처럼 보이지만 기존의 원피스와 달리 지퍼나 단추가 없다. 대신 신축성 좋은 소재를 사용하고 가운처럼 양 옆에서 여며 조일 수 있게 디자인 한 것이다. 몸매가 그대로 들어나 여성스러움을 살리면서도 편안함이 있다.

폭발적인 반응을 불러일으킨 랩 드레스는 후대 디자이너들에게 적지 않은 영향을 미쳤고 그 중요성을 인정받아 현재 미국 뉴욕 메트로폴리탄 박물관의 의상협회 컬렉션 중 하나로 소장되어 있다.

그녀의 인생을 요약하자면 산업계의 거물로, 은둔자에서 개척자로, 패션계의 우상이 되기까지 변신의 연속이라 할 수 있다. 모델 못지 않은 멋진 몸매와 젊은이보다 뜨거운 열정을 지닌 그녀는 우아함과 당당함을 동시에 지닌 현대 여성상의 선두주자로 여겨지고 있다.

다이앤 폰 퍼스텐버그는 벨기에 태생으로 틴에이저 때는 스위스와 영국의 기숙사 학교를 다녔다. 패션에 눈 뜨기 시작했던 때가 열다섯 살 때인데 예거에서 캐시미어 스웨터를 사들이고 옥스퍼드 백화점 앨리스톤 앤 카벨스에서 처음으로 힐을 장만했다. 그녀의 갈망은 늘 그렇듯 '독립적인 여성'이 되는 것이었다. 어릴 적 친구의 생일 파티 때 수트 차림으로 서둘러 온 듯한 친구의 엄마를 보고 그 모습이 정말 근사하다고 생각했다.

그는 무엇보다 커리어를 갖고 싶었다. 처음에는 모델 일에 발을 디뎠다가 당시 이탈리아 코르티나에서 니트 공장을 운영 중이던 친구 안젤로 페레티(Angelo Ferretti) 밑에서 견습 과정을 밟기 시작했다.

스물두 살 대학생 시절 오스트리아 왕자 에곤 폰 퍼스텐버그와 결혼하여 그녀는 일약 상류 사회의 공주로 등극하게 되었다. 하지만 두 연인의 순수한 사랑은 현실적인 문제로 순탄하게 지속되지 못했다. 다이앤의 시아버지는 고타 연감(유럽 각국의 왕족 및 귀족의 계보를 기재하는 연감)에 오른 퍼스텐 가문 출신이었으며 시어머니는 이탈리아 피아트(FIAT) 자동차 소유주 아그넬리 가문의 손녀였다. 그들에게 평범한 다이앤의 집안은 성에 차지 않았다. 다이앤과의 결혼을 반대한 에곤의 아버지는 유럽 상류 귀족들이 참석한 결혼식에 불참하였고 이는 다이앤에게 '기필코 퍼스텐버그 가문에 내가 어떤 능력을 갖고 있는 사람인지 보여주겠다'는 다짐을 하게 된 계기가 되었다. 결국 가슴에 품은 이 결심은 다이앤에게 영원한 사랑 대신 패션 디자이너로서 독립적인 성공을 가져다 주었다.

사람들은 그런 그녀를 동화 속 공주라고 생각했지만 세상 어느 것이든 대가를 치르지 않는 것은 없는 법이다. 뉴욕으로 건너오면서 패션디자이너로 활동하기 시작한 다이앤 폰 퍼스텐버그는 냉정하기로 유명한 뉴욕 패션계에서 단지 공주로 비쳐질 뿐이었다. 그러나 그녀의 패션에 대한 열정은 무척이나 남달랐다.

이탈리아에서 패션 공부를 하면서 디자인한 니트 소재의 드레스 3벌을 낡은 여행 가방에 담고 당시 미국 「보그」 편지장인 다이앤 브릴랜드를 찾아갔다. 심플한 랩 드레스를 본 브릴랜드는 당장 호텔 방 하나를 빌려서 쇼룸을 열게 했고 이날 선보인 드레스 중 하나가 「보그」에 소개되면서 그녀의 존재가 알려졌다.

이후 아버지에게 받은 3만 달러로 패션 사업을 시작했다. 자신의 집에서 첫 컬렉션을 열고 공장을 뛰어다니며 패브릭을 고르고 배달까지 일일이 챙기는 등 모든 것을 스스로 개척해 나갔다. 그녀는 종일 업무를 마치고 집으로 돌아와 아이들과 잠시 휴식을 보낸 다음 네 군데의 칵테일 파티와 두 곳의 저녁식사, 그리고 늦은밤 클럽과 바에서 열리는 파티에 참석하는 등 강행군을 하였다. 그런 그녀를 두고 「뉴스위크」지는 '코코 샤넬 이후 패션계에서 가장 저력 있는 여성'이라고 평했고 그녀는 넘치는 에너지와 결단력으로 화장품과 모피, 보석, 가방 등으로 영역을 넓히면서 패션 왕국을 건립했다.

뉴욕에서 이름을 날리자 퍼스텐버그와 함께 사업을 하려는 이들이 줄을 섰다. 화장품도 내 놓고 라이선스 사업도 벌였다. 유럽 고향이 그리웠던 그녀는 파리로 이주하여 패션, 리빙, 라이프 스타일에 관한 책을 저술하며 지내다 다시 뉴욕으로 돌아왔다. 실크 드레스를 디자인하여 홈쇼핑을 통해 실시간 판매를 했다. 명성 높은 디자이너로선 드문 일이었으나 개혁적인 발상 덕분인지 그녀의 드레스는 날개 돋친 듯 팔려나갔고 또 하나의 새로운 성공신화를 이루게 되었다.

미국에서 가능성을 재확인한 그녀는 새로운 자극이 필요했다. 도축장이 모여 있는 곳이라 예전부터 '미트 패킹'이라 불렸던 뉴욕 맨해튼 서쪽 14번가와 9번가 사이에 퍼스텐버그가 건물을 사들이기 시작하면서 트렌드 세터 사이에 조금씩 화제가 되기 시작했다. 뉴욕을 찾는 관광객들이 빼놓지 않고 들르는 트렌디한 레스토랑과 카페, 각종 패션 매장이 곳곳에 숨어 있는 이 구역의 모습은 퍼스텐버그로부터 시작된 셈이다.

그녀는 요즘도 패션쇼를 미트 패킹에 있는 매장에서 열고 있다. 회사의 핵심 부서와 디자인 스튜디오도 이곳으로 옮겼다. 퍼스텐버그의 건물 맞은편에는 발렌시아가, 디올, 구찌 등 최고급 명품 편집 매장인 제프리가 자리 잡고 있다.

그녀는 스스로에게 주목하라고 말한다. 여성들이 성공하려면 자신의 마음과 판단에 집중해야 하고 자기 자신과 좋은 관계를 갖는 것이 정말 중요하다고 한다. 언제든 과거의 명성에 붙들리지 말고 앞으로 나가야 한다고 말한다. 젊어서 성공하자 사람들은 그녀에게 말했다. "아, 그 여자, 운이 참 좋아" 하지만 한 때였던 여성이 되고 싶지 않았으며 장신구, 화장품, 옷감 등 도전해야 할 분야가 정말 많았다.

요즘은 미국 만화주인공 원더우먼을 디자인에 응용하고 있다. 원더우먼은 무기를 사용하지 않고 자신의 힘을 선한 곳에 쓴다. 디바, 바바, 피파라는 원더우먼 캐릭터도 만들었다. 디바는 은행원, 비바는 가수, 피파는 가정주부다. 은행원과 가수는 일하는 여성의 표상, 여기에 주부 캐릭터를 포함시킨 이유는 주부들이 자신의 삶에 대한 비하감이나 우울에서 벗어나야 한다고 생각하기 때문이다. 모든 여성에게 가장 중요한 것은 자기 자신과 정말 좋은 관계를 맺는 것과 아기와 직업을 갖는 것이다. 이 셋을 위해 자신이 가진 힘을 걱정하지 말고 '해보자(Go for it)'로 도전해야만 한다.

수동적인 삶을 버리고 넘치는 에너지와 열정으로 자신의 삶을 당당히 펼쳐가는 다이앤 폰 스텐버그, 아직도 왕성한 활동으로 하루를 이틀로 쪼개 쓰는 그녀는 스스로에게 주목하면서 자신과의 좋은 관계 맺기를 통해 어김없이 패션 리더들의 마음을 사로잡을 새로운 명작을 탄생시킬 것이다.

주변을 돌아보라. 자신보다 잘나가는 친구가 몇명 있을 것이다. 그런 그들에게 당신은 무엇이라 말하고 있는가. '참 운이 좋아'라고 한다. 그 자리에 오르기까지 얼마나 눈물나는 고생과 노력들이 수반되었는지 한번쯤 생각해 볼 필요가 있다. 단지 그들에 대한 열등감 표현이라면 반드시 명심해야 할 것이 있다. 이 세상에는 거져 얻어지는 것이 하나도 없다. 즉 공짜는 없다는 것이다. 운이라는 것은 준비된 노력과 타이밍이 함께 수반될 때 따라오는 것이다. 그런 친구에게는 아낌없는 박수와 격려를 보내주라. 진정한 친구는 상대가 자신보다 더 잘 나갈 때 격려해주고 응원해 주어야 한다. 그것이 진정한 우정이다. 부러우면 진다는 것을 명심하면서 말이다.

28

나이 들수록 여성이 갖추어야 할
덕목은 품위다

재클린 케네디 오나시스

역사적으로 유명한 미국의 존 F. 케네디 대통령에게서 빼놓을 수 없는 인물은 바로 재클린 케네디다. 영화 「JFK」에서 가장 인상적인 장면이던 케네디의 암살 장면, 그 옆에 가장 눈에 띄었던 여성이 바로 재클린 케네디였다. 결코 평범한 가정주부에 머무르지 않을 것이라고 말했던 그녀는 세기의 결혼 후 다시 출판 편집인으로 성공한 여성이다.

    존 F. 케네디는 상원의원에 당선되었고 그들은 이듬해 결혼했다. 남편의 정치 활동을 내조하였으며 남편이 대통령에 당선되어 취임하면서 그는 30대 초반의 나이에 영부인이 되었다. 우아한 기품을 가진 젊은 퍼스트레이디로서 미국뿐만 아니라 외국에서도 큰 인기를 얻었다.

    그러나 남편이 총상으로 살해당하면서 34세의 나이에 미망인이 되었다. 그 후 그리스의 선박왕 아리스토틀 오나시스와 재혼했으나 결혼 생활에 행복을 느끼지 못하여 이혼 소송을 밟던 중 오나시스가 사망하면서 또 다시 미망인이 되었다.

첫 번째 결혼은 사랑을 위해서 하고 두 번째 결혼은 돈을 위해서 하고 세 번째 결혼은 안정을 위해서 한다고 말한 적이 있었던 그녀는 정말 이 말들을 그대로 실천한 셈이 되었다. 첫 번째 남편 케네디가 평생의 사랑이었고 두 번째 남편 오나시스는 마음을 다치고 지쳐 있던 시기에 엄청난 재력으로 그녀를 살뜰하게 보호해준 갑부였다. 정신적인 사랑을 나누었던 세번째 사랑 모리스 템펄스먼은 그녀의 친구이자 사랑하는 인생의 동반자였다.

그녀는 사람들이 동경하고 가지고 싶어 했던 것을 모두 가진 여자였다. 아름다운 외모, 똑똑한 머리, 사랑스러운 아이들, 짜릿하고 화려한 인생, 그리고 잘 생긴 남편 존 F. 케네디 그를 빼놓고는 재클린 캐네디를 얘기할 수 없다.

정말로 의미 있는 일에만 시간을 할애했고, 남들이 원하는 일을 거절하면서 죄책감을 느끼지 않았다. 남들만큼 자신을 챙기고 자신이 원하는 것과 필요로 하는 것을 챙겼다. 그리고 항상 자기 자신을 철저하게 인식했고 감정에 충실했다. 또한 내면의 목소리에 귀를 기울일 줄 아는 여성이었다.

그녀는 외부 행사에 지나치게 연연하지 않았다. 저녁에 집에서 유익한 책을 읽거나 아이들과 함께 시간을 보내거나 하고 싶은 일을 하는 경우가 많았다. 만나는 사람도 많지 않았고 감정을 표현하는 경우도 거의 없었으며 개인적인 아픔도 절대 드러내지 않았다.

어렸을 때부터 패션 잡지를 꾸준히 읽었고 스케치를 하면서 스타일에 대한 관점을 키워 나갔다. 오랜 승마로 다져진 대나무처럼 꼿꼿한 자세는 위풍당당한 분위기를 더해주는 소중한 자산이었다.

이른바 '재키 스타일'은 금세 미국 전역으로 퍼져 나갔다. 필박스 모자와 민소매 A라인 원피스, 에르메스 스카프, 샤넬 스타일의 슈트, 한쪽 어깨를 드러내는 이브닝 드레스, 장갑, 사리 원피스, 두 줄의 진주목걸이, 굽이 낮은 펌프스, 큼지막하고 까만 선글라스는 바로 재키 스타일이었다.

검은색 옷은 웬만하면 입지 않았고 보통 하얀색과 파스텔톤, 그리고 강렬한 색을 선택했다. 원래 단색을 좋아했고 무늬 있는 옷을 유난히 싫어했다. 특유의 위트와 세련된 매너, 영리한 머리 역시 그녀의 스타일 중 일부였다. 어떤 스타일이 유행하더라도 자신에게 어울리지 않는다고 생각하면 거부할 줄 알았고 조금이라도 자신이 없는 일은 누가 뭐래도 거들떠보지 않았다.

그녀의 옷차림은 차분하고, 단순했고, 너무 공들여 꾸민 듯한 인상을 풍기지도 않았다. 액세서리 착용 또한 최소화 했다. 큼지막한 귀고리를 하면 목걸이는 생략했다. 반지는 한두 개 정도였고 세 개 이상은 낀적이 없었다. 화려한 액세서리는 즐기지 않는 편이었다.

바꿔야 할 때가 되었다는 생각이 들자 하얀 장갑과 뻣뻣한 원피스, 그에 어울리는 필박스를 과감히 벗어버렸다. 나이가 든 뒤에는 좀 더 편안한 팬츠 슈트와 부드러운 실크 셔츠를 즐겨 입었다. 그녀는 인생에도 스타일을 입혔다. 누구를 만나도 단아하고 품위 있게 대하려고 의식적으로 노력했다. 진정한 슈퍼스타답게 계급을 따지지 않았고 도어맨이건 가정주부건 웨이터건 남에게 대접을 받고자 하는 대로 그들을 대접했다. 주제넘은 질문을 하고 불필요한 관심을 보이는 사람과 마주치더라도 절대 무례하게 대하지 않았다. 다만 미소를 지으면서 자리를 피하면 그만이었다.

인터뷰를 거의 하지 않았던 영부인 시절의 원칙을 평생 고집했고 심지어 자서전 집필도 거부했다. 자신의 인생을 그냥 그대로 살고 싶을 뿐이지 그것을 기록할 생각은 없다고 생각했다. 사소한 부분이 아닌 영부인으로서 해야 할 일은 남한테 맡기는 법이 없었다. 워낙 꼼꼼한 성격이라 머리맡에 항상 노란색 메모지를 두고 한밤중에라도 무언가 생각이 떠오르면 해야할 일 목록을 적어놓았다. 이런 습관은 방이 132개나 되는 백악관을 복원할 때 많은 도움이 되었다.

위기상황에도 그녀는 흔들리지 않았다. 1963년 11월 22일 엄청난 비극이 댈러스를 강타했을 때, 그녀는 50야드 앞을 쳐다보는 것처럼 표정이 멍해졌을지 몰라도 눈물은 흘리지 않았다. 핑크색 슈트가 피와 척수로 얼룩졌지만 그녀는 옷을 갈아입지 않았고 존 F. 케네디의 시신 곁을 떠나지 않았다.

하늘이 무너지는 듯한 고통과 정신적인 괴로움 속에서도 그녀는 전 세계 대표의 장례식을 자세하게 소개하는 역사책을 읽었다. 그리고 그 책에서 얻은 정보를 바탕으로 남편의 마지막 가는 길을 꼼꼼하게 준비했다. 그 외에도 케네디 예술센터, 케네디 우주센터, 케네디 도서관을 신속하게 건립하였다. 그러나 한때 그녀는 우울증으로 고생했고 특히 남편이 암살당한 뒤에는 가끔 절망에 빠지기도 했지만 결국 전보다 더욱 강해진 모습을 보여주었다.

케네디 대통령이 암살당하고 그녀가 다시 뉴욕으로 돌아갔을 때 린든 존슨 대통령은 유럽이나 라틴아메리카 주요국의 대사직을 제안했다. 하지만 그녀는 자신에게는 정치보다 더 적성에 맞는 분야가 있으리라고 믿었고 이를 거절하였다.

재클린 케네디는 20세기 후반 변화한 미국 여성들의 역할을 상징하는 현대적 여성이었다. 자제력이 대단했고 집중력이 엄청나서 뭐든 마음만 먹으면 해낼 수 있었다. 성공한 사람들이 대부분 그렇듯이 주의가 산만해지는 것을 경계했고 거시적인 시각을 놓치는 법이 없었다.

평생 배움을 사랑했던 태도는 그녀에게 위대한 성공의 발판을 마련해 주었고 자신감과 방향성을 찾게 해주었다. 어렸을 때부터 호기심이 왕성했고 모든 걸 배우고 싶어 했다. 여름이면 뉴욕에서 두 시간 거리에 있는 이스트햄프턴 저택의 깔끔한 정원에서 성격이 서글서글한 할머니와 햇빛 화창한 날들을 보내곤 했다. 이 멋진 정원에서 꽃과 식물의 이름, 재배방법 등을 열심히 배웠고 독서와 다양한 여행, 세계 전반에 대한 지속적인 관심 등을 통해 평생 다방면에서 지식을 습득했다.

　그녀는 10년 혹은 20년의 세월이 걸린다 하더라도 최고의 편집자가 되고 싶다고 말했다. 결국 한 친구가 출판계는 어떻겠느냐고 했을 때 비로소 그녀는 자신의 적성에 눈을 뜨기 시작했다. 바이킹 출판사의 편집 고문을 거쳐 더블데이에 근무했다. 두 곳 모두 미국 최고의 출판사였다. 1주일에 3일만 출근하고 나머지는 아이들과 함께 시간을 보낼 수 있도록 재택근무를 신청했다. 더블데이에서는 70여 종의 책을 출간했고 출판계에서 생산적인 일원으로 활동했다. 그녀가 남들보다 더 많은 걸 이룰 수 있었던 것은 자신이 어떤 사람이고 무엇을 원하는지 알고 있었던 덕분이다. 어디로든 가고 싶다면 먼저 자신이 어디로 가고 싶은지부터 알아야 한다. 인생에서 바라는 걸 이루고 싶다면 먼저 자신의 소신을 파악해야 한다는 뜻이다.

　성공은 내가 누구이고 어떤 생각을 가지고 있는 사람인지 아는 것에서부터 출발한다. 성공한 사람들이 그렇듯이 그녀는 자아상이 뚜렷했고 자신이 선택한 길을 끝까지 밀고 나갔다. 그런 그녀를 통해 성공은 타고난 능력보다 집중력과 열정에 더 좌우되는 일이라는 것을 자신의 인생을 통해 보여주었다. 그리고 성공으로 향하는 로드맵을 우리에게 알려주었다.

나이가 들수록 여성이 반드시 갖추어야 할 덕목이 있다. 그것은 바로 품위다. 품위란 사람이 갖추어야 할 위엄이나 기품 혹은 사물이 지닌 고상하고 격이 높은 인상을 말한다. 그것은 그 사람의 옷차림, 액세서리, 말투, 태도, 처세 등 모든 행동과 이미지에서 출발한다.

주변 상황이나 타인들의 시선에 아랑곳하지 않고 자신이 가고자 하는 길을 자신 있고 당당하게 걸어가는 모습이 바로 품위와 연관될 것이다. 생각나는대로 표현하고 행동하려 하지 말고 최대한 절제하고, 미소짓는 풍부한 매력으로 당신만의 스타일을 연출해 보는 것이다.

29

중요한 것은 껍데기가 아닌 그 이면의 진실과 마주할 때다

마사 스튜어트

미국의 TV채널이나 대형 할인점 K마트, 타켓(Target)에 가면 마사 스튜어트 리빙의 제품들을 손쉽게 만나 볼 수 있다. 친근하고 넉넉한 인상으로 방청객을 자신의 편으로 만드는 묘한 분위기를 갖고 있는 마사 스튜어트는 살림의 여왕으로 유명해진 미국의 기업가이다.

그녀는 남편과 함께 코네티컷에 있는 오래된 농가를 매입하고 그곳에서 자신의 재능을 이용한 사업을 구상하게 되었다. 그것은 바로 케이터링(출장연회) 사업이었다. 농가를 현대식으로 개조하고 지하에 꾸민 부엌에서 그녀가 가장 잘 할 수 있고 열정을 갖고 있는 요리를 하기 시작했다. 마사 스튜어트의 음식 솜씨와 환상적인 테이블 세팅은 순식간에 입소문으로 번져나갔고 그녀는 곧 유명인사가 되었다. 그때 사업 경험을 토대로 작성한 첫 번째 요리책 『엔터테이닝』을 출간하게 되었다.

그 책에 주부들은 매우 열광했고 마사는 미국 할인점 K마트의 컨설턴트 겸 대변인으로 발탁되었다. 그 후 최고의 아줌마 스타로 급부상하게 되었다. 타임워너의 출판사업 부문과 제휴해 잡지 『마사 스튜어트 리빙』을 발행하였고 행복한 가정의 이미지와 현모양처 살림법으로 책과 칼럼 등을 판매하며 그의 유명세는 나날이 높아졌다.

『마사 스튜어트 리빙』은 많은 독자를 확보했고 마사 스튜어트의 TV쇼는 여섯 번이나 에미상을 수상하는 등 높은 시청률을 기록했다. 환상적인 손재주와 미모, 그리고 차분한 말솜씨로 그녀가 등장하는 프로그램, 책과 비디오 등은 덩달아 베스트셀러를 기록했다.

그 이후 가정생활 정보 제공과 관련물품 판매를 위한 출판, TV, 소매, 인터넷 마케팅 등의 사업을 관리하기 위해 MSLO(마사 스튜어트 리빙 옴니미디어)사를 설립하였다. MSLO는 뉴욕 증시에 상장되어 시가총액 10억 달러(약 1조 2천억 원)의 초대형 기업으로 성장했고 그녀는 여러 개의 잡지와 TV 프로그램, 웹사이트를 소유한 백만장자 기업가가 되었다. 마사 스튜어트는 「포춘」에 의해 '가장 유력한 여성 50인'에 두 번이나 선정되었고 「타임」은 그녀를 '미국에서 가장 영향력 있는 25인'에 선정하기도 했다.

쇼핑하기, 집 꾸미기, 요리하기가 취미였던 그녀는 월스트리트에서 주식중개인을 그만둔 어느 날 자신의 취미를 살려 주문요리 사업을 해야겠다는 아이디어를 떠올렸다. 그리고 친구와 함께 '손수 만든 요리'라는 주문요리 전문 회사를 차리게 되었다. '집에서 만든 요리처럼 만들어 드립니다'라는 마케팅 전략을 세운 다음 집안 일과 직장 일을 병행하던 슈퍼우먼들에게 파티나 각종 모임에 원하는 음식을 주문해 놓으면 필요한 날 요리를 배달해주고 식탁까지 근사하게 꾸며주는 차별화 된 서비스를 시작하였다. 그녀가 사업을 시작한 코네티컷 웨스트포트는 마사의 주문 요리를 탐욕스럽게 먹어치웠고 이 주문요리 사업은 훗날 수십 억 달러 규모의 MSLO의 발판이 되었다.

주문 요리 사업 '손수 만든 요리'가 히트를 치자 그녀는 두 번째 사업을 구상하였다. 패션 디자이너 랄프 로렌의 패션 숍 입구에 자리를 얻어 직접 만든 파이와 케이크를 파는 미니 가게를 연 것이다. 이런 식의 숍 인 숍(shop in shop) 사업은 이로부터 20년 후 스타벅스 체인점이 전국 반스 & 노블스 서점 내에 가게를 열면서 사용한 전략을 예고하는 것이었다.

서점 고객은 잡지나 책을 훑어볼 자리를 찾다가 스타벅스로 들어왔고 랄프 로렌의 돈 많은 손님들은 옷을 고르다 마사의 고급 파이를 사들었다. 차이점은 스타벅스의 커피가 박리다매 전략을 구사했다면 마사는 고품질에 고급 이미지를 팔았다는 것이다. 웨스트포트 같은 교외에 살고 있던 부유한 예비 소비자들은 BMW나 악어가죽 벨트의 취향이었다. 소비자의 마음을 정확히 파악한 마사의 미니 숍은 그녀의 예상대로 대성공을 거두었다.

K마트, 워너 브라더스, 타임 등과 계약을 체결할 때는 계약금이나 연봉보다 그들이 자신을 어떻게 홍보할 것인지, 아무도 신경 쓰

지 않는 조건들을 내세웠다. 보도자료에는 자신이 수백만 달러를 받은 것 같은 분위기를 풍기게 해달라는 주문을 했고, 홍보비, 마케팅비를 모두 합쳐 마사 프로젝트와 관련해 쓰는 돈이 모두 합쳐 얼마인지를 세상에 알리고 싶어했다. 미국 내에서 개인 브랜드 가치 랭킹 2위로 자신의 이름을 20억 달러 상표로 만든 바로 그러한 인물이다.

그녀의 첫 번째 요리책 『엔터테이닝』은 대중적 규모로 보급된 최초의 요리책이었을 뿐만 아니라 미국인들의 삶을 잠식한 화려함이라는 취향에 대한 책이었다. 그녀는 『엔터테이닝』을 통해 경기 침체와 인플레이션에 시달리는 미국의 맞벌이 가정에게 여유 있고 아름다운 판타지를 제공했다. 『엔터테이닝』 독자들은 직장에서 하루 종일 하고 싶지 않은 일을 하고 집에 돌아와서도 회사에서와 똑같이 지친 남편과 혼자 집을 지키느라 잔뜩 골이 난 아이를 상대해야 하는 여성들이었다. 이들은 사무실에서는 성차별주의자를 견뎌야 하고 집에 돌아와서는 서둘러 저녁밥을 차려내야 했다. 그러나 『엔터테이닝』을 집어드는 순간 그들은 항상 꿈꾸었던 공상의 세계로 빠져들 수 있었다. 티끌 하나 없이 깨끗한 유리창을 통해 눈부신 햇살이 비쳐들고, 신선한 과일과 꽃들이 얼음을 띄운 레모네이드 주전자 옆에 놓여 있는 세계가 있다. 해를 거듭할수록 그녀의 팬들은 기하급수적으로 늘어났고 이들은 200개가 넘는 신문에 그녀가 쓰는 칼럼의 독자가 되었다. 전국으로 방송되는 라디오 프로그램의 청취자가 되었고 TV 프로그램의 시청자, 잡지 구독자가 되었다. 그리고 전국 2위 할인 매장에 진열된 명품 브랜드의 고객이 되었다.

그녀는 자신은 아이디어를 팔고 값은 다른 사람이 지불하게 하는 전략을 최대한 활용했다. 그 중에는 K마트와 타임워너도 있었다. 그녀가 체결한 모든 계약 후에는 광고와 마케팅이라는 명목으로 수억 달러가 사용되었고 그 일의 궁극적 수혜자는 결국 마사 스튜어트였다. 그녀가 만들어낸 상품은 잡지나 물건이 아닌 바로 마사 자신이었기 때문이다. 이처럼 마사는 다른 사람에게 값을 치르게 하며 자신의 명성을 오래도록 유지했고 사람들은 지금도 그녀와 함께 한다는 것을 과시하기 위해 기꺼이 그 값을 치르고 있다.

그녀는 최고 두뇌집단의 도움을 받아 오로지 사업에만 전념한다. 매킨지 출신의 경영 컨설턴트 샤론 패트릭과 언론 홍보 담당 보좌관 수잔 매그리노, 협상을 하기에 너무 직설적이고 도전적인 그녀의 말투와 태도에 조언을 해주는 샬로트 비어즈는 미디어계의 영향력 있는 인사로 이렇게 세 사람의 도움을 받아 사업에만 전념할 수 있게 되었다.

스탠포드 출신의 샤론은 그녀의 사업을 제 모양으로 갖추도록 해주었으며 타임워너 등 계약되어 있는 모든 회사들과의 관계에서 그녀가 주도권을 갖도록 새로운 계약을 체결하는데 결정적인 역할을 하였다. 그리고 마사의 회사 MSLO를 월스트리트에 성공적으로 상장시켜 마사를 억만장자로 만들어 주었다.

언론 홍보 담당 보좌관 수잔은 신문에 실리는 기사의 크기나 수위까지 조정할 수 있다는 자부심을 가지고 있는 홍보우먼으로서 그녀에 대해 긍정적인 시각으로 접근하는 기자들에게는 끝없는 호의를 베풀면서 많은 정보를 제공하였다. 수잔에 의해 철저하게 포장된 마사의 이미지는 그녀가 원하는 방향대로 대중에게 전달되었다.

그러나 그녀는 사업가 정신을 발견하기 전부터 한 가지 사실을 알고 있었다. 그것은 바로 자신이 요리하기를 좋아한다는 점이었다. 부엌에서 갖가지 음식을 직접 만들어내는 일이 정말 즐거웠고 파이를 굽기 시작하면서 동네에 내다 팔았다. 또한 사업에는 전혀 관심 없는 동네 주부들에게 위탁 받은 상품까지도 판매했다. 거기서 한 걸음 더 나아가 케이터링 사업을 시작했고 그 사업을 계기로 '좋은 것(Good Things)'을 가르치고 전달하는 진정한 열정을 발견하게 된 것이다. 현재 『마사 스튜어트 리빙』은 년 4회 한국어판이 발행되고 있으며 현대카드 홈페이지에서 현대카드 회원이라면 누구나 손쉽게 만나 볼 수 있다.

처음부터 잘나가는 대단한 사업가는 없다. 처음에는 자신이 가장 좋아하고 잘 하는 분야에서 혹은 호기심에서 출발한 일에서부터 시작한다. 그

일에서 즐거움을 찾고 최선을 다하다 보면 주변에 소문이 나기 마련이고 사람들이 찾게 되는 인물이 된다. 미디어를 잘 활용한다는 것은 때로 유명세를 담보로 할 수 있지만 자칫 잘못하면 나락으로 떨어질 수 있는 것이 바로 미디어 파워다. 그러나 이러한 점을 잘 활용할 줄 안다는 것은 매우 영리한 점이며 유리한 고지를 먼저 선점할 수 있다는 장점을 가지고 있다. 간혹 우리 주변을 둘러보더라도 이러한 미디어를 잘 활용하여 성공이라는 반열에 올라서 있는 사람들도 있다. 그러나 중요한 것은 껍데기 허상이 아닌 그 이면의 진실이다. 이미지는 단지 현상일 뿐 그 너머에 있는 이면을 볼 줄 아는 사람만이 진정한 성공에 이를 수 있다는 것을 명심하길 바란다.

30

하기 싫은 일에 당당히 'No' 라고 말할 수 있는 나쁜 여자

코코샤넬

여성들이 가장 소장하고 싶은 백(Bag)은 누가 뭐래도 단연 샤넬 백이다. 수 백만원이라는 고가임에도 불구하고 여성들은 명품 매장에 들러 구입 리스트를 작성하고 샤넬 백을 주문한다. 금액을 지불하면 바로 구매할 수 있는 것도 아니고 일정 시간을 기다려야만 손에 넣을 수 있다. 이처럼 여성들의 마음을 흔들어 놓는 샤넬 그 브랜드 뒤에는 새로운 스타일을 만들어 창조해 내는 이 시대가 낳은 영원한 패션 아이콘 코코샤넬이 있었다.

불우한 어린 시절을 보낸 그녀는 가수 지망생으로 노래 가사에서 자신의 예명인 '코코'를 이름 앞에 붙여 카바레에서 노래하던 여성이었다. 그 후 예능계의 길을 잠시 접고 당시 교제중이던 장교 에튀엥느 발장에 의해 파리근교로 이주하여 사교계로 이용되던 발장의 목장에 머무르게 되었다. 그곳에서 따분한 시간을 보내던 샤넬이 처음 시작한 것은 모자였다. 깃털 하나, 실크 꽃 장식 하나로도 무엇을 어떻게 해야 하는지 정확히 알고 있는 천부적인 재능을 가지고 있었다.

샤넬이 자신의 첫 매장을 연 것은 1900년대 초반이다. 당시 모자는 관습상 꼭 필요한 것이면서도 그와 동시에 대단히 큰 폐단이었다. 그런데 이 관습에 정면으로 도전한 사람이 바로 코코 샤넬이다. 그녀는 모든 사람이 자신의 생각에 관심을 갖기 훨씬 전부터 자기 주장이 매우 강한 사람이었다. 당시 여성들이 쓰던 모자에 대해 한 여성으로서 자신만의 생각을 분명히 가지고 있었고 이를 확실히 표현했다. 그러나 샤넬이 만든 모자는 너무나 단순해서 쇼킹할 지경이었다. 갤러리 라파예트에서 납작한 스트로 보터를 대량으로 사들여 깃털이나 실크 꽃 장식 하나로 직접 장식을 했다. 그 단순함 때문에 샤넬의 모자는 별난 것으로 받아들여졌다.

디자이너로서 샤넬은 코르셋을 많이 이용하던 당시 왜 여자들은 쓸모 없는 복장을 갖추어야 하는지에 대해서 회의를 느끼며 영국에서 신사복의 소재를 여성에게 적용해 스포티하고 심플한 디자인의 현대적 여성복인 '샤넬 슈트'를 만들었다. 그녀의 사후에 샤넬의 의상 제작은 일관되게 남성에게 지배당하는 여성을 철저하게 배제하여 여성들의 마음을 해방시킨 것으로 선전되기도 하였다. 지금도 패션 모델계에 마른 편이 아름답다는 고정관념이 생겨난 시초도 비교적 마른 체형의 샤넬 때문이었다. 그녀는 20세기 전반에 걸쳐 세계 패션 흐름을 주도한 신화적 인물로 평가 받으며 몸을 꽉 조이던 코르셋과 무거워 보이던 가식적인 스타일 대신 샤넬 스타일이라는 독창적인 시그니쳐 룩(고상하고 여유있는 패션 스타일)을 선보였다.

그녀가 장식이 많은 옷 자체를 싫어했듯이 당시 여성들에게 샤넬 스타일은 일종의 관습으로부터의 해방을 의미했다. 그리고 그녀만의 고유한 복잡하지 않은 스타일의 져지 드레스, 승마 자켓, 스웨터, 바지 등은 여성 해방을 위한 일종의 상징으로 받아들여졌다.

또한 샤넬의 대표적 아이템인 핸드백은 어깨 끈을 사용함으로써 처음으로 여성에게 손으로 드는 불편함을 해방 시켰고 저지 소재의 짧은 스커트와 기존의 남성복에서 영감을 얻은 스포티한 슈트는 20세기 초반의 여성들에게 새로운 자유를 부여했다. 그녀는 항상 약간은 모자른 듯 입는 편이 더 나은 법이라고 말했으며 자신은 패션을 만드는 사람이 아니라 본인 스스로가 바로 패션이라고 강조했다.

샤넬은 명석한 디자이너자 트렌드 세터였을 뿐만 아니라 모든 공식적이고 의례적인 격언을 타파하는 것을 몹시 즐기는 사람이었다. 그녀가 말했다는 것으로 전해지는 여러 가지 말들의 공통점은 하나였다. 단순할 것과 단순함은 우아함과 동일시 된다는 것이었다.

스타일이라는 것은 누구의 말에도 아랑곳하지 않는 자신만의 주관을 의미한다. 이것이야말로 스타일의 핵심이다. 샤넬을 스타일의 완벽한 현시로 보는 이유 중 하나는 그녀가 자신이 좋아하는 것과 자신에게 어울리는 것에 대해 한 치의 의심도 하지 않았기 때문이다. 그녀는 착해야 한다는 강박관념이나 걱정 따위는 갖고 있지 않았다.

스스로 만든 원칙이 아닌 이상 어떤 원칙에도 순종해야 한다고 생각하지도 않았다. 샤넬은 이러한 사실을 일찍부터 깨우친 사람이었다. 그러나 그녀는 정작 많은 교육을 받지 못했다. 하지만 인생의 길에서 마주치는 모든 것을 흡수하는 거의 초인적인 경지의 명민함을 가지고 있었다. 이것은 샤넬의 초기 작품 대부분이 자신이 아무것도 가진 것이 없다는 데에 도전하고 반항한 결과로 이어진다. 그녀는 여성의 옷을 개혁하기로 마음먹었고 손에 쥔 게 무엇이든 그것을 바로 실행에 옮겼다. 뜸들이거나 미적거리는 것은 샤넬 스타일이 아니었다. 그녀는 스스로 나무랄 데 없다고 믿었던 미의식을 포함해서 자신의 재능에 대하여 확고한 신념을 가지고 있었다. 그리고 그것은 대부분 확실한 디자인으로 이어졌다. 그 모든 것은 그녀가 그렇다고 믿은 덕이었다. 이를테면 완벽한 대담함이었다.

당시 그녀에게 옷 만드는 기술이란 전무하다시피 했다. 그러나 그녀는 모자 만드는 법을 알고 있었고 그녀가 원하는 것을 다른 사람에게 설명하는 방법을 알고 있었다. 실제로 드레스를 만드는 기술을 갖고 있었던 것은 그녀가 고용한 여성이었다. 아무것도 가진 것 없이도 단 하나의 가능성에 모든 것을 걸고 실천할 수 있는 대담함과 자신감, 그것이 바로 코코 샤넬이었다.

그녀의 가장 용감한 행동은 자기 자신에 대해 생각하는 것이다. 그리고 그것을 명백하게 표현하는 것이라고 말한다. 샤넬의 전기 작가들은 그녀가 그런 식으로 무모한 행동을 할 수 있었던 것은 그녀가 잃을 것이 없었기 때문이라고 추측한다. 다시 말해 그녀에게는 가족도 남편도 명성도 돈도 없었기 때문이다. 그러나 샤넬은 우선적으로 직관을 따랐고, 그 다음에는 대담하게 행동했다. 한 치의 망설임이나 기다림 없이 자신의 원대한 아이디어를 실행에 옮겼다. 그렇게 해서 근대 패션은 전쟁을 목전에 둔 비교적 침체된 도시에서 탄생되었다.

그녀는 신데렐라 콤플렉스와 프랑스인 특유의 상냥함과 친절함에 대해 기본적으로 염증을 느꼈고 자신이 단순히 옷을 만드는 사람이 된다는 것을 모욕이라고 생각했다. 늘 깔끔하고 신선한 옷을 가지고 나타났고 누구에게든 허튼소리 듣는 자기검열을 싫어했다. 남들이 어떻게 보느냐 보다 자신이 스스로를 어떻게 규정하느냐를 더 중요하게 생각했다. 그러면서 남자 때문에 열차에 몸을 던진 것에 대해 평생을 후회하며 사는 것보다 더 나쁜 것은 없다고 생각하면서 일에 열중하는 방법을 택했다.

그녀가 가진 창조력은 우두머리가 되기에 충분했지만 그녀에게 순간포착을 하는 타고난 재능이 없었다면 샤넬제국을 이끄는 자리에 결코 서지 못했을 것이다. 그녀는 현재에 충실히 임하는 능력뿐만 아니라 그럴 처지가 아닐 때 조차 현재를 즐기는 능력을 가지고 있었다. 또 하나의 성공에 만족하거나 안주하지 않았고 깨끗한 라인과 단순한 구조의 복잡하지 않은 의상들과 샤넬 모드에서 나가는 모든 것을 철저히 관리하고 완벽을 기하는 최고의 장인정신으로도 유명했다.

그녀의 가장 큰 업적은 남성복을 여성화하고 그와 동시에 드레스를 20세기 초의 우아함과는 완전히 다르게 만든 것이다. 그 여성복들은 세련될 뿐만 아니라 전에 느끼지 못했던 편안함을 선사했다. 그리고 샤넬이 시작되었다. 여성들은 처음으로 옷을 입고 거리를 활보했고, 자전거에 올랐고, 차에 올라탔다. 항상 남성들만 하던 일을 여성들도 하게 된 것이다.

샤넬은 지금 우리에게 말한다. 단지 다른 사람들이 그렇게 한다는 이유로 당신 인생이나 일에 있어서 필수적인 것처럼 보이는 일을 하는데 시간을 허비하지 말라고 말이다. 그리고 자신에게 필요한 것, 중요한 것, 즐거운 것을 먼저 하라고 말한다. 결혼 대신 마드모아젤 샤넬을 선택한 그녀는 부유하고, 유명하고, 일에 전념하고, 존경 받고, 때로는 아주 외로운 샤넬이 되기로 선택한 것이다. 그것이 바로 샤넬이었다.

나쁜 여자가 성공한다는 말은 어떤 식으로든 여성에 대한 꽤 역설적인 표현으로 비쳐진다. 여성들의 능력을 인정하지 않는 것은 바로 여성들이다. 그들은 늘 열등감에 사로잡혀 있고 자신은 마무것도 할 수 없는 존재라고 인식하며 살아간다. 그러면서 늘 누군가가 사랑해주기를 원한다. 그렇기 때문에 자신이 원하는 삶을 살아가기 위해 노력하지 않고 남들에게 사랑받기 위해 그들이 원하는 방식대로 행동하려고 노력한다. 그러면서 정작 자신은 매우 불행해 한다. 자신을 위해 당당하게 사는 삶, 하기 싫은 일에는 'No'라고 말할 수 있는 진정한 용기만이 당신을 더욱 아름답고 행복하게 만들어 줄 것이다.

31

인생의 아름다움은 평범함이 매우 특별한 것임을 깨달아 가는 순간이다

오드리 햅번

영화 「로마의 휴일」로 유명한 오드리 햅번은 아메리칸 필름 인스티튜트에서 선정한 '지난 100년간 가장 위대한 100명의 스타' 중에서 여배우 목록 3위를 차지한 영국의 배우이다. 가장 중요한 것은 삶을 즐기고 행복해지는 것이 중요하다고 말했던 제2의 안나 파블로바를 꿈꾸던 평범한 소녀였다.

그녀의 어머니는 그에게 항상 다른 이에게 친절해야 하고, 시간을 지키면서 늘 다른 사람을 먼저 생각해라고 당부했다. 남들 앞에서 자신의 얘기를 너무 많이 하지 말 것과 타인을 먼저 앞세우는 교육 방식을 취했다.

그런 그녀는 대중의 기대와 관심과는 다르게 실제로 보여지는 이미지에 크게 신경 쓰지 않았으며 다른 사람들의 생각이나 기준에 맞춰 근심 걱정하는 것은 어리석은 일임을 일찌감치 깨달은 영리한 여성이었다. 이웃집 소녀처럼 진실한 인간미의 소유자였고 조금 더 똑똑했을 뿐이다. 항상 대중이 자신에 대해 갖고 있는 이미지에 대해 걱정하지 않았고 그들이 갖고 있는 이미지에 대해 믿지 않았다.

그녀는 가족과 함께 있고 싶다는 자신의 욕구와 스크린에서 보고 싶어하는 세상의 요구 사이에서 균형을 맞추기 위해 노력했다. 자신은 스타가 되리라 생각지도 않았고 스타가 되기를 원하지도 않았다. 스타가 된 뒤의 삶을 즐기지 않았던 것은 아니지만, 마치 위대한 여배우가 된 것처럼 굴었던 적은 한 번도 없었다.

성공은 마치 손꼽아 기다리던 생일날이 되어서야 내가 이전과 달라진 게 없음을 깨닫는 것과 같은 것이라고 말했던 그녀는 단지 발레리나가 되고 싶었고 최선을 다해 노력했다. 그리고 자신이 할 수 있는 한 오래 꿈을 키웠다. 하지만 발레리나 슈즈를 사거나 치과에 가려면 당연히 돈이 필요했고, 결국 뮤지컬 무대에 서게 되었다. 영화에 출연하게 된 것도 그런 과정을 통해서였다.

영화배우가 될 정도로 자신이 멋있다고 생각하지 않았다. 이루고 싶은 꿈이 있었지만 돈이 필요했기에 꿈과는 다른 기회가 주어졌을 때, 그 기회를 잡았다. 아주 감사한 마음으로 말이다.

그녀는 영화계에 입성했을 때 여배우가 아니었고 발레리나였다. 그러니 그녀에겐 경험이 없었다. 대신 열심히 연습하고, 또 연습했던 경험이 있었다. 발레는 어렵고 훈련이 필요하다. 오직 헌신할 수 있는 것은 바로 연습이었다. 배우로서 그녀의 필살기는 자신감이 부족할 때 제대로 된 옷을 고르는 감각을 발휘했고 연기 기술이 부족할 때는 자신만의 방법을 찾았다.

　그녀는 다른 여배우들처럼 피부미용에 많은 시간을 투자하거나 잠을 많이 자는 편이 아니었다. 걷기를 좋아하고 신선한 공기를 마시는 것을 즐겼다. 다만 푹 자고 수면시간이 부족할 때는 낮잠을 자려고 노력했다. 만약 낮잠을 자지 못할 상황이 오더라도 조바심을 내지 않았다. 음식과 운동에 관해서는 가능한 편안한 태도를 가져야 한다는 게 그녀의 생각이었다. 그렇지 않으면 피부는 좋아질지 몰라도 아름다움의 노예가 될 수 있으므로 말이다. 집에 있을 때 식사는 간단하게 했다. 신선한 과일과 채소를 많이 먹었고 단백질을 충분히 섭취했다. 너무 느끼한 음식도 먹지 않았고 움직임을 둔하게 할 수 있는 음식은 먹지 않았다.

　그녀는 오랫동안 아침형 인간으로 살았다. 태양이 산을 따뜻하게 비출 때 일어나 정원에서 스위스의 아침 공기를 즐겼다. 꽃과도 자연스럽게 어울렸고 초록빛의 모든 것에 감사했다. 아이들과 꽃, 그 두 가지야말로 그녀의 인생 자체였고 삶의 의미였다.

　일과 모성애 사이에서 균형을 잡기란 어느 여성에게나 힘든 일이다. 그녀도 마찬가지였다. 그러나 어머니로서의 역할이 우선이라고 결정했다. 더 이상 장거리 전화를 걸 수는 없고 침대맡에서 동화책 읽어주는 일을 미룰 수 없다면서 그녀는 성공의 정점에서 집으로 돌아가기로 결심했다. 둘째 아들 루카를 학교까지 데려다 주고 브라우니를 굽고 살림을 했다. 그녀의 두 아들은 그 덕분에 더 나은 삶을 살

수 있었고 그녀 역시도 마찬가지였다.

그녀는 또한 모든 사람을 포용할 줄 알았다. 그러나 친분관계를 유지할 수 있는 사람은 많지 않았다. 사람들과 적당한 거리를 두면서도 상대가 홀대 받고 있다는 느낌을 갖지 않게 할 줄 알았다. 그녀의 좌석 같은 매력은 너무나 특별해서 모두가 그녀 곁에 있고 싶어 했다.

그러나 그녀는 혼자 있기를 즐기는 편이었다. 토요일 밤부터 월요일 아침까지 자신의 아파트에서 있는게 즐거웠다. 이것은 그녀가 재충전하는 방식이다. 천성적으로 말수가 적고 수줍음을 잘 탔다. 다른 사람들과 함께 있기를 좋아하긴 했지만 그에 못지않게 독서와 긴 산책을 좋아했고, 음악감상과 꽃꽂이를 즐겼다. 그리고 고요한 고독을 즐겼다. 어렸을 때부터 그녀는 책을 탐독했다. 평생 독서를 중요한 여가활동으로 삼아왔고 그것은 그녀의 삶이었고 책은 그녀에게 지대한 영향을 끼쳤다.

스위스는 그녀의 마음 속에 특별한 공간이었다. 그녀의 어머니가 네덜란드 고향에서 그랬던 것처럼 그녀 역시 그곳에서 전쟁으로부터 보호받는다는 느낌을 받을 수 있었다. 인근 지역에 500명이 채 안되는 주민이 살고 있는 그곳에서 그녀는 사랑하는 사람들, 농부들, 그리고 종종 소들과의 일상을 만끽했다. 스위스 알프스 산맥과 포도농장, 과수원, 제네바 호숫가에 둘러싸여 살고 싶어했고 집은 그녀에게 오스카보다 가치 있는 곳이었다.

그녀는 인간의 선함을 믿었고 그녀의 믿음은 사랑보다 강했다. 가진 것을 다 내어줄 줄 아는 능력과 변화를 불러 오는 능력이 특히 그랬다. 그녀는 단순히 사랑받는 데서 그치지 않고 더 많은 사랑을 베풀었다. 아내와 어머니로서 헌신적이고 애정이 깊었다. 친구로서도 그녀는 충성스럽고 친절했다.

그녀는 예술을 창조하는데 커리어를 이용했고 박애주의를 실천하기 위해 명예를 이용했다. 충실한 어머니로, 헌신적인 아내로, 사랑을 베푸는 친구로 집에서 많은 시간을 보냈다. 59살이 되었을 때 그녀는 상상했던 것보다 훨씬 더 많은 것을 현실에서 이룰 수 있었다. 하지만 그녀는 해야 할 일이 더 많이 있다고 생각했다. 유니세프의 선행 홍보대사로 세계를 여행했고, 정치가들을 만났다. 그리고 모든 인류에게 세계에서 가장 빈곤한 삶을 살고 있는 어린이들을 돌볼 것을 제안했다. 의심의 여지없이 그것은 그녀가 달성한 가장 위대한 성취였다.

그녀의 역할은 선행 홍보대사로 어려움을 겪고 있는 여러 나라를 돌아다니면서 당면한 문제점을 확인하고 그 내용을 세계에 알리는 것이었다. 이러한 노력은 유니세프의 인지도를 높이고 자선기금을 모으는데 큰 역할을 했다.

여러 해 동안 그녀가 기울인 노력 덕분에 유니세프 미국 지부는 자선기금 액수를 거의 두 배로 끌어 올릴 수 있었다. 그 덕에 그녀는 미국 의회의 최고시민상을 받았고 대통령이 수여하는 자유의 메달을 받았다. 그녀가 유니세프에 큰 힘을 실어주었던 것은 커다란 마음이었고 변화를 만들어낼 수 있다는 용기있는 행동과 나눔의 실천이었다.

사람들은 그것을 몰랐다. 그것을 위해 죽을 수도 있었다. 그리고 그것을 찾아 헤매고 다닌다. 그것은 다름 아닌 바로 '만족'이다. 우리는 훨씬 외롭고 더 많은 일을 하고, 더 많은 스트레스를 받으며 살아가고 있다. 그러나 무엇이 진짜 중요한 것인지 잘 모르고 지낸다. 그리고 많은 이들과 함께 무엇인가를 해야만 덜 외롭거나 불행하지 않다고 생각한다. 그러나 가끔은 혼자만의 시간을 갖자. 산책하기, 독서하기, 쇼핑하기, 커피 마시기 혹은 기분전환 사우나 하기, 꼬불꼬불 아줌마 펴머하기 등 여유롭고 한가로운 시간들이 우리의 삶을 풍요롭게 만들어 준다.

우리의 삶은 특별한 어떤 것이 일어나는 순간에 있는 것이 아니라 일상적인 평범함이 매우 특별한 것임을 깨달아 가는 그 순간임을 알아차리자. 그리고 그것이 바로 인생의 아름다움이라는 것을 기억하도록 하자.

에필로그

Over The Rainbow

Somewhere over the rainbow, way up high

There's a land that I heard of once on in a lullaby

Somewhere over the rainbow, skies are blue

And the dreams that you dare to dream

Really do come true

Someday I'll wish upon a star

And wake up where the clouds are far behind me

Where troubles melt like lemon drops,

Away above the chimney tops

That's where you'll find me

Somewhere over the rainbow, bluebirds fly

Birds fly over the rainbow,

why then, oh, why can't I?

If happy little bluebirds fly beyond the rainbow,

Why, oh, why can't I?

저 높이 무지개 너머 어딘 가에

언젠가 자장가에서 들어본 곳이 있어요

무지개 너머 어딘 가에, 하늘은 푸르고

감히 꿈꾸는 일들이

실제로 이뤄지는 곳이 있어요

언젠가 별님을 향해 소원을 빌고

구름이 저 멀리 있는 곳에서 잠을 깰 거에요

걱정이 레몬 사탕처럼 녹아 버리고

굴뚝 꼭대기 저 위에

내가 있을 거에요

무지개 너머 어딘 가에 파랑새가 날아 다니죠

새들은 무지개를 넘어 날아 다니는데

나는 왜 날아가지 못하는 걸까요?

행복한 파랑새들이 무지개 너머로 날아가는데

왜, 오, 나는 왜 못하는 거죠?

모든 것은 '마음'에 달려 있다.

올 한해 역시 해야 할 일들과 신경 써야 할 일들로 매우 분주했다. 책을 쓰는 일은 언제나 많은 인내심을 요하게 만든다.『나는 왜 쓰는가』저자 조지 오웰은 글쓰기를 하는 사람들은 자기 허영심 때문에 글을 쓰려 한다는 것이다. 한참을 생각해 보았다. 나는 왜 글을 쓰려 하는가? 나의 기획과 생각, 창작을 기억하고 싶은 것, 많은 사람들과 함께 나누는 것, 지적인 허영심 보다 그러한 이유들이 더 설득력 있는 답변인 것 같다. 적어도 내겐 말이다.

손에 잡힐 것 같지 않는 우리의 인생을 이 책을 통해 멋지게 디자인하고 싶었다. 그리고 그곳에 색칠을 하건 물감을 바르건 그건 독자의 몫으로 남겨두고 싶었다. 아마도 그건 행동으로 옮기는 일, 바로 그것일 것이다.

나는 독자들에게 다음의 몇 가지를 꼭 당부하고 싶다. 하루에 한 번씩 마음의 소리에 귀기울이는 것, 마음이 상처 받으면 스트레스가 오고 마음이 불안하면 불면증이 오게 된다. 그러므로 반드시 마음이 원하는 것을 따르는 것, 그리고 성공하는 것을 원하는 것과 노력하는 것 모두 마음에 달려 있다는 것을 말이다. 행복도, 불행도, 만족도, 성취도, 누군가를 사랑하는 것과 사랑 받는 것도 모두 마음이다. 가슴을 활짝 열고 상대에게 먼저 다가가 마음을 열어 보라. 당신의 삶이 훨씬 풍요로워지고 행복해 진다.

우리는 흔히 막다른 길목에 부딪혔을 때 조언자를 구하려 한다. 누군가가 손을 내밀어주길 기대하면서 말이다. 그러나 어찌보면 자신에게 가장 좋은 조언자는 바로 나, 당신 자신일지도 모른다. 내가 어떤 생각을 하고 있고 어떤 판단의 결과에 대해 어떻게 반응할 것인가를 가장 잘 알고 있는 것 또한 자신이다. 자신에게서 한 걸음 비켜서 내면을 바라볼 수 있다면 우리는 세상 누구보다 훌륭한 조언자를 얻게 되는 것이다.

지금까지 그래왔듯 또 다른 한해를 맞이하며 조금 더 자신에게 귀 기울이고 주목하는 삶의 방식을 꾸려나가야겠다. 부디 이 책을 읽는 독자들 모두 멋진 한 해를 맞이하는 여유있는 마음가짐으로 천천히 느리게 보폭하며 진정으로 자신이 원하는 삶을 디자인 할 수 있기를 진심으로 기대해 본다.

저자 장윤희

참고문헌

나를 차별화시키는 이미지의 힘, 장윤희, 원앤원북스
마사 스튜어트 아름다운 성공, 마사 스튜어트, 황금나침반
맥주 수첩, 이기중, 우듬지
부.지혜.성공의 법칙, 존 맥도널드, 시사문화사
브랜드심플, 앨런 애덤슨, 비즈니스맵
슈어홀릭, 김지영, 장서가
사랑과 성격사이, 마이클 래니, 마티 올슨 래니, 다산초당
완벽의 추구, 탈 벤 샤하르, 위즈덤하우스
워너비 샤넬, 카렌 카보, 웅진윙스
워너비 재키, 티나 산티 플래허티, 웅진윙스
워너비 오드리, 멜리사 헬스턴, 웅진윙스
알고 보면 쉬운 차, 혜우, 이른아침
와인 바이블, 케빈 즈랠리, 한스미디어
인생을 여행할 때 챙겨야 할 것들, 여훈, 살림
차 수첩, 사쿠야마 와카코, 우듬지
평생 꿈만 꿀까 지금 떠날까, 오현숙, 문학세계사
칵테일 수첩, 염선영, 우듬지
한국의 메모 달인들, 최효찬, 위즈덤하우스
행복의 심리학, 대니얼 네틀, 와이즈북
9회말 리더십, 정철우, 비전코리아

경향신문, '여행의 기술'
뉴욕타임즈 사설, '오드리의 죽음에 관하여'
머니투데이, '이민정, 고현정의 꿀피부 비밀 세안법 대공개'
보스톤코리아, '자연 치유 효과가 있는 건강 먹거리'
연합뉴스, '초콜릿이 혈압을 떨어뜨리는 이유는'
조선일보, '내향인.외향인 부부, 서로의 차이를 읽어라'
조선일보, '노년은 인생 정리하고 죽음 기다리는 시기 아니다'
조선일보, '재취업, 직업 편견 버려야, 창업, 창업교육 받을 것'
조선일보, '수분·미네랄로 탱탱한 피부 지켜요'
조선일보, '사람 마음 움직이던 광고쟁이, 나눔 팔기 위한 준비였다'
조선일보, '피부가 젊어지는 나이트 스킨케어'
조선일보, '모발에 영양공급? 문제는 두피야, 두피'
조선일보, '양털 부츠로 멋내기'
조선일보, '스포츠의 主流, 여성을 잡아야 스포츠시장 큰다'
주간한국, '초콜릿의 비밀'
한국경제, '부자들은 정서적 소외계층 행복해지는 연습 필요하죠'
한국경제, '21세기는 도시 시대 브랜딩전략, 슬로시티에서 배워라'
한국경제, '특허 받은 카스 톡 소리 병 뚜껑'
헤럴드경제, '엄마가 가출했다? 세계일주한 오현숙씨의 여행기'
헤럴드경제, '꼬닥꼬닥 3년을 걸었다 한국인이 바뀌었다'

위키피디아 백과
SK와이번스 홈페이지
한국워킹협회 홈페이지
가천길병원 홈페이지
스위스관광청 홈페이지
에스테티카코리아 홈페이지

ecoiufo.seoul.go.kr

www.cittaslow.kr

www.webmd.com

www.momonews.com

www.coffeefestival.net

www.martinibar.co.kr

www.lifemojo.com

www.cocoa365.com